AF402848

Bibliografische Information der Deutschen Nationalbibliothek:

Die Deutsche Nationalbibliothek verzeichnet diese Publikation in der Deutschen Nationalbibliografie; detaillierte bibliografische Daten sind im Internet über http://dnb.d-nb.de abrufbar.

Impressum:

Lektorat: Meike Lembeck

Copyright © 2018 ScienceFactory

Ein Imprint der GRIN Verlag GmbH

Druck und Bindung: Books on Demand GmbH, Norderstedt, Germany

Coverbild: pixabay.com

Tschernobyl – damals und heute

Der Super-GAU im Fokus
wissenschaftlichen Interesses

Inhaltsverzeichnis

„Eine gefährliche Lüge" – Die Folgen und Auswirkungen des atomaren Unfalls von Tschernobyl

Seda Demir, 2006

Einleitung

Das Wachstum der Industriegesellschaft stützt sich auf ein ständig anwachsendes Produktionsniveau und den Verbrauch von unterschiedlichen Energien. Durch die Bodenschätze, in Form von Sauerstoff, Wasser u. a., soll die benötigte Energie gewonnen werden. Das Problem besteht darin, dass der Verbrauch ständig ansteigt und der natürliche Ressourcenvorrat stets schwindet.

In der Geschichte der Menschheit gibt es keine Entdeckungen, deren Folgen und Auswirkungen so hervortraten wie die Entdeckung der Kernleitung des Urans und die Ergreifung bzw. Annahme der Atomenergie. Die Begründung des Atomskerns im 19. Jahrhundert, welche den Menschen zur Verfügung stand, bietet eine neue, mächtige und mit nichts zu vergleichende Energiequelle.

Durch den Verbrauch der natürlichen Energien kommt es zu massiven Umweltverschmutzungen, der Unterstützung des Treibgaseffekts und der globalen Erwärmung. Hinzu kommt der Rüstungskampf der Giganten (Weltmächte), die in der atomaren Aufrüstung Milliarden in das „freundliche Atom"[1] investierten, um so die Nummer eins zu bleiben bzw. zu werden. Da erscheint die Kernenergie naturfreundlicher und ungefährlicher – bis zu der Katastrophe von Tschernobyl.

Ernüchternde Einschätzungen und das Ausmaß der atomaren Kraft, die es in der fünfunddreißigjährigen Geschichte der Nutzung der Kernenergie noch nie gegeben hat, zwingt die Politik, weltweit die Nutzung der Kernenergie zu überdenken.[2] Am 8. August 1986 sagte der damalige Generalsekretär der Sowjetunion, Michail Sergejevitsch Gorbatschow, in einer Fernsehansprache an die Nation:

> „Der Tod der Besatzung der Challenger und die Havarie im Kernkraftwerk Tschernobyl haben die Ängste verstärkt, erinnern diese Ereignisse doch auf grausame Weise daran, daß die Menschheit die gewaltigen Kräfte, die sie selbst ins Leben rief, noch nicht beherrscht, daß der Mensch erst lernt, sie in den Dienst des Fortschritts zu stellen"[3]

---

[1] Vgl. Medwedew, Grigori: Verbrannte Seelen : Die Katastrophe von Tschernobyl., übers. von Bendzko, Ralf, München, Wien 1991, S. 11. (Medwedew, Grigori)
[2] Vgl. ebd.
[3] Medwedew, Grigori, S. 11.

In dieser Arbeit soll untersucht werden, inwieweit die mangelnde Kooperationsbereitschaft der Sowjetunion das verheerende Ausmaß der Unfallfolgen (gesundheitliche, ökologische, landwirtschaftliche und globale) bedingten. Die Nachrichtensperre und das Verschweigen sowie eine Verharmlosung des wahren Ausmaßes der Katastrophe nehmen die entscheidenden Stellungen für die späteren Reaktionen und Notstandsmaßnahmen ein. Die nur sehr langsam voranschreitenden Maßnahmen haben eine internationale Dimension angenommen und zu größeren Schäden, die eigentlich hätten verringert werden können, geführt.

Nach einem kurzen geschichtlichen Exkurs über die Entwicklung der Atomenergie wird im folgenden Kapitel das Kernkraftwerk Tschernobyl vorgestellt. Dabei werden die Städte Tschernobyl und Pripjat und die geographische Lage des Kernkraftwerks dargestellt. Im nächsten Schritt wird der Reaktortyp von Tschernobyl präsentiert und seine Konstruktionsmängel angesprochen. Das vierte Kapitel beschäftigt sich mit dem Unfall im Kernkraftwerk von Tschernobyl. Dabei werden der Unfallhergang und die Reaktorkatastrophe kurz beschrieben. Anschließend werden die Folgen der Katastrophe präsentiert, zudem findet eine Analyse der Reaktionen und Notstandsmaßnahmen statt.

Die Katastrophe von Tschernobyl ist in der deutschsprachigen Fachliteratur häufig beschrieben worden. Am ausführlichsten stellt Grigori Medwedew in "Verbrannte Seelen" und Zhores Medwedjew[4] in „Das Vermächtnis von Tschernobyl" den Ablauf der Katastrophe und ihre Folgen dar. Die westliche Fachliteratur von Karl-Heinz Karisch[5] bis Franz-Josef Brüggemeier[6] stützen sich an diese Berichte.

---

[4]Medwedjew, Zhores: Das Vermächtnis von Tschernobyl. Münster 1991. (Medwedjew, Zhores)

[5] In dieser Arbeit werden Aufsätze aus: (Hrsg.) Karisch, Karl-Heinz, Wille Joachim, Der Tschernobyl-Schock, Zehn Jahre nach dem Super-Gau, Frankfurt am Main 1996, benutzt.

[6] Brüggemeier, Franz-Josef: Tschernobyl, 26. April 1986 - Die ökologische Herausforderung, München 1998. (Brüggemeier)

Kurzer geschichtlicher Abriss über die Atomenergie

Der Mensch verfügte bis zum zwanzigsten Jahrhundert lediglich über Energiequellen, in Form von Öl, Erdgas, Holz etc. Als Grundstein der Atomphysik gilt die 1895 publizierte Arbeit von W. Röntgen: „Über die neue Art der Strahlen." Er nennt sie X-Strahlen, welche wir heute als Röntgenstrahlen kennen. 1919 fand Sir Ernest Rutherford heraus, dass sich, durch Beschuss mit schellen Teilchen, die Atomkerne verändern. Nachdem man induzierte Kernspaltung durchführte, war es nicht mehr weit bis zum Bau des ersten Kernreaktors.[7]

Bis 1939 werden alle neue Arbeiten zum Thema Atomphysik publiziert. Mit dem Beginn des Zweiten Weltkrieges wird der Austausch der Neuigkeiten hingegen eingestellt, da man befürchtete, dass Deutschland dadurch in der Lage wäre, eine Atombombe zu bauen. Gleichzeitig beginnt in den Vereinigten Staaten das Atomprogramm. Die erste Kettenreaktion von Uran-235 wird im Dezember 1942 im Chicagoer Labor unter der Leitung von Enrico Fermi in einem kleinen Reaktor erreicht.[8] Nach dem Bau des ersten Atomreaktors war es leicht, auch eine erste Atombombe zu bauen.

Der russische Physiker Georgij Fljorow, der an einer Militärschule angestellt war, äußert im November 1941: *„Man muß immer daran erinnern, daß der Staat, der als erster die Atombombe verwirklicht, der ganzen Welt seine Bedingungen diktieren kann. "*[9] Doch erst nach den Abwürfen der Atombomben in Hiroschima und Nagasaki (1945), welche die Schwankungen des strategischen Gleichgewichtes der Mächte auslösten, lässt Stalin die Wichtigkeit

---

[7] Die Erfindung der Kernspaltung, für welche der Mensch des zwanzigsten Jahrhunderts viele Wissenschaften benötigte, machte die Natur schon vor zwei Milliarden Jahren. In der Oklo-Mine in Zentralafrika, hat man einen natürlichen Kernreaktor gefunden. Durch die natürliche Anreicherung des Uran-235 wurde eine Kettenreaktion in Gang gesetzt. Diese Kettenreaktion wurde durch Wasser in den Spalten des Urangesteins moderiert. D.h. das Wasser in den Gesteinsspalten bremste die Neutronen, auf die für die Kernspaltung notwendige Geschwindigkeit ab, so dass die Kettenreaktion einsetzen konnte. Die dadurch freigesetzte Wärme im Urangestein erhitzte das Wasser so stark, dass es verdampfte. Deswegen wurden die Neutronen nicht mehr gedämpft und die Kettenreaktion kam zum erliegen. Infolge dessen kühlte sich der Stein ab und kaltes Wasser konnte nachfliessen. So konnte die Kernspaltung von neuem beginnen.
[8] Grobe-Hagel, Karl: Radioaktiv brodelnde Pfütze. Der sowjetische Atomstaat, in: Der Tschernobyl-Schock. Zehn Jahre nach dem Super-Gau, (Hrsg.) Karisch, Karl-Heinz, Wille Joachim, Frankfurt am Main 1996, S. 103 (Grobe-Hagel).
[9] Grobe-Hagel, S. 103.

des Besitzes von Atombomben für die UdSSR erkennen. Er befiehlt: *„Das Gleichgewicht ist gestört. Stellen Sie die Bombe her!"*[10]

Am geplanten Projekt, welches unter äußerster Geheimhaltung steht, wird bis zum September 1949 gearbeitet. Geheimdienstchef Berija persönlich droht ein Dutzend hochqualifizierten Wissenschaftlern mit der Erschießung, falls das Projekt nicht bis zu Stalins siebzigsten Geburtstag am 20. Dezember 1949 abgeschlossen wird.[11] Am 23. September 1949 wird die erste sowjetische Atombombe fertiggestellt und erprobt.[12]

Dessen ungeachtet, dass die Sowjetunion das dritte Land ist, welches eine Atombombe entwickelt (nach den USA und Großbritannien), ist sie das erste Land, das Atomreaktoren für die Stromerzeugung startet.[13] Das erste sowjetische Atomkraftwerk wird am 27. Juni 1954 in Obninsk, das etwa achtzig Kilometer südwestlich von Moskau entfernt liegt, in Betrieb genommen. Fast zehn Jahre lang erzeugt der Kernreaktor von Oblinsk Strom. Der führende russische Kernphysiker, Igor Kurtschatow, setzt sich im März 1956 für den schnellen Ausbau von Kernkraftwerken ein. Durch seine Anerkennung bei dem Parteichef Chruschtschow erreicht er, dass ein entsprechendes Atomprogramm für den Ausbau der Kernkraftwerke genehmigt wird.[14] Es entstehen zahlreiche Atomstädte, welche den Zutritt nur unter strenger Aufsicht gewähren oder die dort lebende Bevölkerung rauslassen.[15] Bevorzugte Bereiche für den Bau der Kernkraftwerke sind die Gebiete mit geringer Einwohneranzahl, wo Schlüsselbetriebe des militärischen Atomkomplexes stehen. Diese findet man vor allem in Sibirien, aber auch an den südlichen und westlichen Grenzgebieten der UdSSR.[16]

---

[10] Grobe-Hagel, S. 103.

[11] Vgl, Grobe-Hagel, S. 103.

[12] Koepp, Reinhold / Koepp-Schewyrina, Tatjana: Tschernobyl : Katastrophe und Langzeitfolgen. Stuttgart, Zürich 1996, S. 44. (Koepp)

[13] Medwedjew, Zhores, S. 248.

[14] Vgl. Chruschtschow, Segej: Nikita Chruschtschow: Marionette des KGB. München 1991, S. 54-55.

[15] Grobe-Hagel, S. 104 ff.

[16] Grobe-Hagel, S. 107.

Das Kernkraftwerk Tschernobyl

Die katastrophale Kernschmelze und Explosion im Kernreaktor ereignete sich nahe der Stadt Pripjat, die damals zur Sowjetunion und heute zur Ukraine gehört. Die Katastrophe ist bekannt unter dem russischen Namen der Nachbarstadt Tschernobyl.

In diesem Kapitel sollen kurz die beiden Städte, Pripjat und Tschernobyl, beschrieben werden. Zudem soll in einem anderen Unterpunkt der Aufbau und die Lage des Kernkraftwerkes Tschernobyl erläutert werden. Außerdem wird der Reaktortyp von Tschernobyl vorgestellt und die Konstruktionsmängel des Reaktors angesprochen.

Die Städte Pripjat und Tschernobyl

Pripjat ist 1970 im Zusammenhang mit dem Bau des Kernkraftwerks Tschernobyl gegründet worden. Die Stadt ist speziell für die Arbeiter und Bauer des Kraftwerkes erschaffen. Der Name Pripjat wird von dem nahe liegenden Fluss Pripjat, der das weißrussische mit dem ukrainischen Polessgebiet verbindet, auf die Stadt übertragen. Die Stadt ist somit wasserreich und die Umgebung birgt waldreiche Gebiete. Die Stadt ist mit einer Entfernung von etwa vier Kilometern die nächst liegende Siedlung des Reaktors. Dort wohnen zum Zeitpunkt der Katastrophe von Tschernobyl rund fünfzigtausend Menschen. Pripjat liegt mitten in der unbewohnbaren dreißig-Kilometer-Sperrzone, rund um das havarierte Kraftwerk. Nach der Katastrophe von Tschernobyl und die darauf folgende Evakuierung der Stadt hofften die Menschen auf ihre baldige Rückkehr dorthin, so dass heute noch viele Häuser der „Geisterstadt" im Originalzustand aufzufinden sind.[17]

In der heutigen Zeit wird – nach dem Zusammenbruch der UdSSR und der ukrainischen Unabhängigkeit – der Name der Stadt nach ukrainischer Schriftweise – Tschornobyl – geschrieben.[18] Die ersten schriftlichen Zeugnisse über Tschernobyl existieren aus der Zeit des zwölften Jahrhunderts. Mitte des vierzehnten Jahrhunderts wird dieser Ort vom Großfürstentum Litauen erobert. Nach der Union von Lublin (1569) fiel Tschernobyl unter die polnische Krone.

---

[17] Aus dem Fernsehbericht zum zwanzigsten Jahrestag der Katastrophe von Tschernobyl: Phönix 26. April 2006.

[18] In dieser Arbeit wird durchgehend die russische Schreibweise angewandt. Zudem ist noch zu erwähnen, dass noch englische Schreibversionen existieren, wie Chernobyl oder Chornobyl.

Nach der zweiten polnischen Teilung 1793 wird sie zusammen mit der rechtsufrigen Ukraine mit Russland vereinigt.

Tschernobyl liegt am wasserreichen Fluss Pripjat und am Rande einer riesigen Wald- und Sumpflandschaft. Die Stadt erstreckt sich über weite Teile Weißrusslands und der Ukraine. Im Laufe der Zeit haben sich in Tschernobyl wenige strukturelle Veränderungen ergeben. Die Stadt erlebte kaum Industrialisierung und die Einwohner lebten überwiegend von der Landwirtschaft und dem Fischfang sowie dem Gartenbau, von den Produkten des Waldes und deren Verarbeitung. Auch aus dem Aspekt des langsamen Einwohnerwachstums, das in unserem Jahrhundert endet, kann man auf die geringe strukturelle Veränderung schließen. 1986 zählt die Stadt etwa zwölftausend Einwohner. Diese Zahl verändert sich bis zur Jahrhundertwende nicht. Der Pripjat mündet in den Kiewer Stausee, der durch den Bau des Kiewer Staudammes am Dnepr entstanden ist. Tschernobyl liegt in der Nähe der Mündung am nordwestlichen Zipfel des Stausees und etwa zehn Kilometer vom Kernkraftwerk entfernt. Nachdem sich die Katastrophe ereignete, wurde die Bevölkerung evakuiert. Vergleichbar mit Pripjat ähnelt Tschernobyl heute einer „Geisterstadt".[19]

Der Aufbau und die Lage des Kernkraftwerkes Tschernobyl

Anfang der siebziger Jahre wird der Bau des Kernkraftwerks geplant. Dabei sind folgende Gründe dafür von Bedeutung. Zum einen ist die Stadt dünn besiedelt und befindet sich in der Nähe von der ukrainischen Hauptstadt Kiew. Zum anderen stehen in Tschernobyl riesige Mengen an Wasser zu Verfügung, aus dem Fluss Pripjat und dem Kiewer Stausee, welches gleichzeitig zur Kühlung und zur Verdünnung anfallender Abwässer dient.[20] Trotz dieser Gegebenheiten hat sich die Ukrainische Akademie der Wissenschaften gegen den Bau des Kernkraftwerkes an dieser Stelle, geäußert.[21] Die Gründe dafür waren starke geologische Verwerfungen. Man befürchtete einerseits unkontrolliertes Eindringen radioaktiven Materials und tektonische Bewegungen. Andererseits bedachte man die Folgen einer Kontamination der Umgebung des

---

[19] Aus dem Fernsehbericht zum zwanzigsten Jahrestag der Katastrophe von Tschernobyl: Phönix 26. April 2006.

[20] Koepp, S. 59.
[21] Ebd.: S. 59.

Kernkraftwerkes, so dass der Regen einen Großteil der Radioaktivität in den Pirpjat spülen würde, da das Gelände zum Fluss hin abfällt.[22]

Der Aufbau des Kernkraftwerkes ist folgendermaßen vorzustellen. Es sind die sieben Reaktorblöcke, die alle etwa in den siebziger Jahren entstanden sind, zu benennen: die Reaktorblöcke Tschernobyl eins und zwei, Leningrad eins bis drei und Kursk eins und zwei. Das Kernkraftwerk, als Paradestück sowjetischer Technologie[23], soll etwa sechstausend Megawatt (MW) erzeugen und somit weitgehend die Stromerversorgung der Industriezentren im Herzen der Ukraine übernehmen.[24] Teil eins des Kernkraftwerkes bilden die Reaktorblöcke Tschernobyl eins und zwei, wobei zwischen den beiden ein Hilfsanlagegebäude, in dem das Wasserreinigungssystem und andere Anlagen liegen, untergebracht sind, die für beide Blöcke arbeiten. Der erste Teil wird im September 1977 bzw. im Dezember 1978 in Betrieb genommen. Die Hauptumwälzpumpen und die Dampferzeuger liegen in den jeweiligen Reaktorgebäuden. Am dreiteiligen Gebäudekomplex steht seitlich das vierhundert Meter lange Maschinenhaus, worin sich für jeden Reaktor zwei Turbogeneratoren befinden. Östlich befinden sich die Turbinen eins und zwei, die zum Reaktor eins gehören. Neben den Turbinen eins und zwei befinden sich die Turbinen drei und vier, die zum zweiten Reaktor gehören. Zu einem anderen Zeitpunkt wird das Gebäudekomplex samt Turbinenhalle nach Westen verlagert und man stellt dort die Turbinen fünf bis acht, für den weiteren Reaktorblöcke drei und vier auf, wobei der westliche Teil nun die Ausbaustufe zwei des Kernkraftwerkes Tschernobyl bildet. In dem Jahr 1981 ist der Reaktor drei und 1983 der Reaktor vier in Betrieb genommen worden.[25]

Der Reaktortyp von Tschernobyl

Der Tschernobyl-Reaktor hat neben der Eigenschaft der Energieproduktion, die Aufgabe, Plutonium als Abfall zu erzeugen, welches waffenfähig ist. Der Reaktor ist ein graphitmoderierter, wassergekühlter Druckröhren-Siedewasser-Reaktor vom Typ RBMK 1000. Die Abkürzung RBMK steht für Reaktor "Bolschoj Moschnostij Kanalnij". Dies bedeutet, dass die Moderation des Reaktors mit Graphit erfolgt und die erzeugte Wärme durch das Wasser in Druckröhren abgeführt wird. Also wird der Reaktor mit Graphitstäben gesteuert

---

[22] Koepp, S. 59.
[23] Medwedjew, Zhores: Der Generalsekretär: Michail Gorbatschow, eine politische Biographie, Darmstadt 1987, S. 293. (Medwedjew, Generalsekretär)
[24] Ebd.
[25] Koepp, S. 61.

und mit Wasser gekühlt. Die Neutronen werden durch Graphitblöcke gesteuert, sie verringern die Geschwindigkeit der schnellen Neutronen, die während der Spaltung von Uran-235-Atomkernen freigesetzt werden.[26] Als Brennstoff benutzt man schwach angereichertes Uran. Es befinden sich insgesamt 2488 Graphitsäulen in dem Reaktorkern, wobei die Graphitstäbe rund 1660 Brennelementkanäle bzw. Druckröhren voneinander trennen. In diesen Röhren wird das Wasser auf eine Temperatur von etwa zweihundertachtzig Grad Celsius erwärmt. Anschließend gelangt das Wasser in Trommelseparatoren, wo das heiße Wasser und der Dampf voneinander getrennt werden. Der Dampf treibt die riesigen Turbinen an. Das getrennte Wasser und das Kondensationswasser des Dampfes werden wieder zurück in den Reaktor gepumpt. Zudem werden zahlreiche Regelstäbe benötigt, um die Kettenreaktion unter Kontrolle zu halten.[27]

In diesem Reaktortyp lassen sich die Brennstäbe[28] austauschen, ohne den Reaktor ausschalten zu müssen. Dazu hat der Reaktortyp einen stark positiven "Void-Koeffizienten", dies bedeutet, dass bei Kühlmittelverlust die Leistung nicht abnimmt. Die Brems- und Regelstäbe, die eine Steigerung der Leistung verhindern sollen, haben zwei weitere Merkmale. Zum einen sind sie enorm langsam, da man ca. zwanzig Sekunden benötigt, um den Reaktor von der höchsten Positionierung zum tiefsten Punkt zu fahren. Zum anderen tragen die meisten Brems- und Regelstäbe einen fünf Meter langen Verdrängerstab aus Graphit, der im Normalbetrieb die Neutronenbilanz verbessern soll. Für das benötigte Kühlwasser ist ein separater Kanal angelegt, der das Wasser aus dem Kühlwasserteich heranführt und das warme Wasser ableitet.

Mängel der Konstruktion des RBMK-1000-Reaktors

Einige Beispiele der Mängel bzw. Nachteile des RBMK-1000-Reaktors werden im Folgenden genannt. Die Graphitstäbe, die rund 1700 Brennelementkanäle bzw. Druckröhren voneinander trennen, benötigen ebenso viele Messstellen zur Überwachung. Andere Reaktoren, wie sie meistens im Westen vorhanden sind, besitzen lediglich einen großen Druckbehälter, so dass dementsprechend nicht

---

[26] Medwedjew, Zhores, S. 20-24.
[27] Vgl. Medwedjew, Zhores, S. 20-24.
[28] Bremsstäbe auch Steuerstäbe oder Regelstäbe genannt, dienen zur Regelung und zur Abschaltung eines Kernreaktors. Wenn sich ein Steuerstab im Reaktorkern befindet, absorbiert er einen Teil der durch die Kernspaltung freigesetzten Neutronen, so dass diese nicht für weitere Kernspaltungen zur Verfügung stehen. Auf diese Weise wird das unkontrollierte Anwachsen der Kettenreaktion im Reaktor verhindert.

so viele Messstellen benötigt werden.[29] Zudem können die verbrauchten Brennstäbe dieses Reaktortyps gegen frische ausgetauscht werden, ohne den Reaktor dabei auszuschalten. Dieser Reaktortyp ist somit stark überaktiv ausgelegt, welcher ohne ständig eingefahrene Bremsstäbe, die die Neutronen wegfangen, "durchgehen" würde.[30] Bei dem Tschernobyl-Reaktor nimmt die Leistung nicht, wie bei Siede- und Druckwasserreaktoren, bei einem Kühlwasserverlust ab, sondern sie nimmt zu. Dabei weisen die Brems- und Regelstäbe zwei katastrophale Eigenschaften auf. Zum einen haben sie, wie schon oben erwähnt, an ihrer Spitze einen Verdrängerstab aus Graphit, der die Neutronenbilanz verbessern sollte. Jedoch bei einer Schnellabschaltung des Reaktors, bei der die Bremsstäbe eingefahren werden, heizen diese Graphitstäbe die Reaktion kurzfristig zusätzlich an.[31] Die Regel- und Abschaltstäbe lassen sich mit einer Geschwindigkeit von vierzig Zentimetern in der Sekunde bewegen, dies bedeutet es dauert zwanzig Sekunden bis zum tiefsten Punkt. Aus heutiger Sicht wird dies als sehr langsam empfunden, so braucht beispielsweise ein Druckwasser- Reaktor in den Vereinigten Staaten oder in Japan lediglich eine Sekunde. Es wird zudem sehr viel Wasser benötigt.[32]

In der Gesamtheit haben der Entwurf und die Konstruktion der radioaktiven Zone sowie die Kontroll- und Sicherheitssysteme des Reaktors erhebliche Mängel, so dass nicht weniger als zweiunddreißig Verstöße gegen die nuklearen Sicherheitsbestimmungen vorhanden sind.[33] Die Ursache des Unglücks von Tschernobyl wird u. a. als Folge dieser Mängel und Verstöße betrachtet.[34] Der Reaktorblock vier wurde – trotz fehlgeschlagener Sicherheitsexperimente am Turbogenerator, die man bis 1986 nachholen wollte – 1983 in Betrieb genommen.[35] Dafür gab es folgende Gründe: Die Mitarbeiter wären ohne Prämien und Auszeichnungen ausgegangen, hätte der Kernkraftwerksdirektor die Genehmigungspapiere nicht bis zum 31. Dezember 1983 unterschrieben.

---

[29] Vgl. Medwedjew, Zhores, S. 258.

[30] Karisch, Karl-Heins: Krümelige Masse, in: Der Tschernobyl-Schock. Zehn Jahre nach dem Super-Gau, (Hrsg.) Karisch, Karl-Heinz, Wille Joachim, Frankfurt am Main 1996, S. 43. (Karisch, Masse)

[31] Ebd.

[32] Medwedjew, Zhores, S. 22 und Karisch, Karl–Heinz: „Da muss sich Furchtbares ereignet haben" – Protokoll der Atomkatastrophe von Tschernobyl, in: Der Tschernobyl-Schock. Zehn Jahre nach dem Super-Gau, (Hrsg.) Karisch, Karl-Heinz, Wille Joachim, Frankfurt am Main 1996, S. 16. (Karisch, Protokoll)

[33] Vgl. Medwedjew, Zhores, S. 50-53.

[34] Vgl. ebd.

[35] Medwedjew, Zhores, S. 29-35.

Dies hätte fatale Folgen für die Arbeiter gehabt, da in der damaligen UdSSR die Gehälter gering waren.[36] Tschernobyl ist zudem zwei Monate vor dem eigentlich geplanten Termin ans Netz gegangen, was zu weiteren Prämien und Auszeichnungen geführt hat.

Zusammenfassend lässt sich sagen, dass der Reaktortyp hyperaktiv und instabil konstruiert ist. Es sind zahlreiche Messstellen zur Überwachung nötig und zudem gab es Brüche in den den radioaktiven Dampf befördernden Leitungen, die vorher als akzeptabel bezeichnet wurden.[37]

---

[36] Ebd., S. 30.
[37] Karisch, Masse, S. 46.

Der Unfall von Tschernobyl

In diesem Kapitel werden der Unfahlhergang und die Reaktorkatastrophe dargestellt, wobei die Thesen der Unfallsschuldzuweisung kurz erläutert werden.

Der Unfallhergang

Der Block vier des Reaktors wird, wie oben schon erwähnt, mit den entsprechenden Mängeln am 31. Dezember 1983 in Betrieb genommen, obwohl die Sicherheitsexperimente am Turbogenerator fehlgeschlagen sind. Die gescheiterten Tests sollen in der zweiten Aprilhälfte wiederholt werden.[38] Dies geschieht am 25. April. Die Versuche, welche im Auftrag von einer Turbogeneratorenfabrik stattfinden, sollen nach dem Abschalten des vierten Blocks des KKW-Tschernobyl durchgeführt werden.[39] Dabei ist zu erwähnen, dass solche Aufträge von den anderen Kernkraftwerksleitungen wegen des hohen Risikos abgelehnt wurden und dass nur die Leitung des KKW-Tschernobyl dem zustimmte.[40] Die Experimente werden in dem Tschernobyl-Kernkraftwerk nicht zum ersten Mal durchgeführt, jedoch fanden die vorherigen Versuche in einem stabilen, gesteuerten Zustand statt, d.h. der gesamte Reaktorschutzkomplex war in Betrieb.[41]

Der Versuch soll Freitag gegen Mittag erfolgen, wobei auf Anweisung der Reaktor zunächst mit halber Kraft weiterläuft. Daher kam es nach neun Stunden im Reaktor zur Xenon Vergiftung.[42] Alle Elektromotoren und somit auch die Pumpen, die das Kühlmittel durch die aktive Zone des Kernreaktors pumpen, bleiben stehen, wenn die Energieversorgung des Kernkraftwerkes vollständig ausfällt. Demzufolge kommt es zu einer Kernschmelze und zur Katastrophe. Damit dies nicht passiert, soll die Nutzung jeder Energiequelle, damit auch der Versuch mit dem Turbinenauslauf, dienen. Solange sich der Rotor des Generators dreht, wird Energie erzeugt. In kritischen Fällen soll daher der Auslauf der Turbinen genutzt werden, jedoch ist die Vorraussetzung dafür ein

---

[38] Medwedjew, Zhores, S. 29.
[39] Koepp, S. 68.
[40] Medwedew, Grigorij, S. 44.
[41] Ebd., S. 47.
[42] Xenon-135 ist ein normales Beiprodukt des Spaltprozesses, geformt aus Jod-135 und Tellur-135, den wichtigsten Isotopen, die bei der Spaltung von Uran-235 erzeugt werden. Xenon-135 absorbiert Neutronen und verwandelt sich in Xenon-136. Dieser Prozess hemmt die Kettenreaktion, da dieses Spaltprodukt (Edelgas), die zur atomaren Kettenreaktion notwendigen Neutronen, einfach verschluckt. Aus: Medwedjew, Zohres, S. 43 ff. , Vgl. Karisch, Protokoll, S. 13.

Reaktor in einem stabilen, gesteuerten Betriebszustand, welcher über eine vorgeschriebene Reaktivitätsreserve verfügt.[43] Demgemäß ist es unabdingbar, dass das Notkühl- und Havarieschutzsystem des Reaktors in Betrieb bleibt. Die Bedienungsmannschaft musste fast alle Brennstäbe herausziehen, um weiterhin Energie zu erzeugen, wobei bewusst die Minimalgrenze der achtundzwanzig Bremsstäbe unterschritten wird. Die Reaktorleistungsreduzierung ist ein Routinevorgang. Die Regelstäbe werden weiter eingefahren als erwartet und die Reaktorleistung fällt auf weniger als dreißig MW.[44] Am 25. April um ein Uhr morgens beginnt die Leistungsabsenkung. Gegen Mittag desselben Tages beträgt die Leistung nur noch fünfzig Prozent, so dass der Turbogenerator Nr. 7 abgeschaltet wird. Auf Anforderung bleibt die Leistung bis zum späten Abend konstant.[45] Weitere Reduzierungen erfolgen, so dass der Reaktor plötzlich eine Leistung von einem Prozent aufweist.[46] Ein Wideranfahren vom Reaktor, wenn sich das technische Regelwerk bei einem Leistungsabfall von mehr als achtzig Prozent befindet, ist verboten, weil sich die Vergiftung des Reaktors in diesem Falle intensiver entwickeln würde. Entgegen der Warnungen wird der Reaktor vier auf das Niveau von zweihundert MW hochgebracht. So produziert der vierte Block andauernd Spaltprodukte, die ihn vergiften.[47] Um den Reaktor erneut soweit anzufahren, muss man mühsam per Handschaltung fast alle restlichen Brennstäbe aus dem Reaktorkern ausfahren, demgemäß bleiben nur noch achtzehn der insgesamt zweihundertundelf Brennstäbe eingefahren.[48] Der durch den Prozess verringerte Dampfdruck und niedrige Wasserstand hätten im Normalfall die Notabschaltung des Reaktors aktiviert. Die Sicherheitssysteme wurden jedoch blockiert indem man zuvor alle Notschaltknöpfe abschaltete, um den Test ungestört durchzuführen. Der Reaktor befand sich zu dem Zeitpunkt in einem nicht steuerbaren, explosionsgefährdeten Zustand.[49] Der Speisewasserzufluss zu den Separatoren wird verringert, so dass noch fünfzig statt zweihundertundzwanzig Liter pro Sekunde fließen, welches zur weiteren Erhöhung der Wassertemperatur führt. Es kommt zu Druckeinbrüchen von fünf bis sechs Atmosphären wegen des Absenkens des Dampfgehaltes im

---

[43] Medwedew, Grigorij, S. 44.
[44] Medwedjew, Zhores, S. 44
[45] Karisch, Protokoll, S. 13 f.; Vgl. Medwedjew, Zhores, S. 39.
[46] Brüggemeier, S. 12 und Medwedew, Grigorij, S. 66 ff.
[47] Karisch Protokoll, S. 13; Vgl. Medwedew, Grigorij, S.66 ff.
[48] Medwedew, Grigorij, S. 69 und S. 82., Vgl. Karisch, Protokoll, S. 13 f.
[49] Zudem Zeitpunkt hätte eine Explosion verhindert werden können, wenn das Experiment sofort abgebrochen und die Notkühlsysteme und der Dieselstromgenerator eingeschaltet werden. Aus: Koepp, S. 71; Vgl. Medwedew, Grigorij, S. 80 ff.

Reaktorkern auf fast Null.[50] Trotz allem wird mit den Tests begonnen, welche den bisher schlimmsten atomaren Unfall in der Menschheitsgeschichte auslöste.

Die Reaktorkatastrophe

Das Drosselventil der Dampfzufuhr zur Turbine acht wird ca. 1:23 Uhr geschlossen, um die Auslaufenergie zu messen. So wird dem Generator die Kraftzufuhr genommen. Im Reaktor kann der entstandene Dampf nicht mehr entweichen, da die Kühlwasserzufuhr zuvor verringert wird.[51] Der Reaktor wird aufgeheizt und es kommt zu einer Leistungssteigerung.[52] Der Druck in den Dampfabschneidern und im Reaktorkern und somit der hydraulische Widerstand des Reaktors haben sich erhöht, nachdem die Turbine acht keinen Dampf mehr erhalten hat. Der Durchfluss des Wassers nimmt ab, welches aufgeheizt wird und in zunehmendem Maße siedet. Bedingt durch die Konstruktion des RBMK-Reaktors erhöht sich mit steigender Temperatur die Reaktivität bzw. die Energieproduktion.[53] Nach der Bemerkung der sprunghaften Leistungssteigerung wird der Havarieschutz ausgelöst, um den Reaktor abzustellen. Dies geschieht sechsunddreißig Sekunden nach Beginn des Experiments. Die Bremsstäbe in den Reaktoren werden sehr langsam eingefahren. Die Spitzen der Steuerstäbe bestehen, wie bereits erwähnt, aus Graphitstangen und lösen eine kurzfristige Anheizung der Kettenreaktion aus.[54] Die Notbremse ist gleichzeitig ein Gaspedal.[55] Während die Steuerstäbe sehr langsam einfahren, wobei die Dauer des Einfahrens eines Steuerstabs fünfzehn Sekunden beträgt[56], bleiben sie auf halber Strecke stecken, da die Kanäle der Bremsstäbe sich durch die Hitze verformten. Somit bleiben die Graphitköpfe in der aktiven Zone. Die ersten Druckkanäle platzen. Die aktive Zone fängt an zu

---

[50] Karisch, Protokoll, S. 14; Vgl. Medwedew, Grigorij, S. 81 f.

[51] Das Wasser beginnt zu sieden, der Dampf der entsteht, leitet die Wärme schlechter ab, so dass die Uranstäbe sich weiterhin erhitzen. Daraus folgt, dass sich die Geschwindigkeit der Neutronen erhöht und die Kettenreaktion beschleunigt wird.

[52] Der RBMK-Reaktortyp hat einen gravierenden Konstruktionsfehler, so dass das Auslösen der Notabschaltung zu diesem Zeitpunkt paradox ist, da die Katastrophe nicht nur nicht verhindert werden würde, sondern es zu einer früheren Auslösung der Explosionen gekommen wäre.

[53] Zum einen geschieht dies durch einen positiven Temperaturkoeffizienten des Graphits und zum anderen durch einen positiven Dampfblaseneffizienten, d.h. je größer der Dampfanteil im Wasser wird, desto mehr Wärme erzeugt der Reaktor pro Sekunde. Der Reaktorkern wird nicht nur immer heißer, sondern die Leistung erhöht sich kontinuierlich.

[54] Die Graphitstäbe sollen normalerweise die Neutronenbilanz verbessern, solange der Reaktor unter Volllast läuft.

[55] Karisch: Protokoll, S. 15.

[56] Vgl. Karisch, Protokoll, S. 16.

glühen. Nun bildet der entstandene Wasserstoff mit dem Sauerstoff zusammen ein hochexplosives Knallgas.[57] Die befürchtete Explosion kommt zustande. Der Reaktor ist zerstört und es werden große Teile des Brennstoffes, des Reaktorgraphits und Teile der Reaktorkonstruktion in die Umgebung geworfen.[58]

Die Unfallschuldzuweisung

Es gibt zahlreiche Vermutungen und Spekulationen zu den Ursachen des Unfalls von Tschernobyl. Hier werden drei Thesen bezüglich der Unfallursachen kurz vorgestellt.

Die erste These, die im August 1986 formuliert wird[59], besagt, dass das Personal des vierten Blocks in der Nacht vom 25. auf den 26. April im Prozess der Vorbereitung und der Durchführung der elektrotechnischen Versuche sechsmal sehr grobe Vergehen der Sicherheitsregeln zur Nutzung des Reaktors begehen. Das Ergebnis dieser sechs Fehler ist der Kontrollverlust über der Steuerung des Reaktors, so dass es in irgendeinem Moment zu einer Kettenreaktion kommt, welche zur Explosion führt.[60]

---

[57] Die Hüllrohre bestehen aus Zirkon, dieses Material bewirkt, dass dem herausströmenden Wasser-Dampf-Gemisch Sauerstoff entzogen wird, so bildet der Wasserstoff zusammen mit dem Sauerstoff hochexplosives Knallgas.

[58] Vgl. Medwedew, Grigorij, S. 82 f; Brüggemeier, S. 12 f und Karisch, Protokoll, S. 14 - 17.

[59] Die erste Kommission, die den Unfallhergang untersucht, kommt zu dem Ergebnis, dass das Personal des Reaktors, welcher das Experiment durchführte, für den Unfall verantwortlich sei. Dieser Bericht wurde der IAEA (International Atomic Energy Agensy oder auch IAEO – Internationale Atomenergie – Organisation) von der Sowjetunion vorgelegt.

[60] Grigorij Medwedew hat die sechs Regelverstöße zusammenfassend in seinem Buch vorgestellt:
- Um über den Xenon-Berg zu kommen, verringerten die Operatore die Reaktivitätsreserve, unter den minimal zulässigen Wert und machten damit das Havarieschutzsystem des Reaktors unwirksam.
- Das automatische lokale Regelsystem sei fehlerhaft abgeschaltet worden, was zu einem Leistungseinbruch, unter die im Programm vorgesehene Grenze, führte. Der Reaktor sei damit in einen schwer steuerbaren, unkontrollierbaren Zustand gefahren worden.
- Alle acht Hauptumwälzpumpen wurden bei unzulässig hohen Durchsätzen, durch einzelne Pumpen, in Betrieb genommen, wodurch das Kühlmittel bis dicht an die Siedetemperatur herangeführt wurde. Dies sei eines der Forderungen des Tests gewesen.
- Um das Experiment mit dem Spannungsausfall bei Bedarf wiederholen zu können, wurde das Abschaltsignal für den Reaktorschutz abgeklemmt.
- Zusätzlich sei das Signal für den Reaktorschutz: Abschalten bei Unterschreiten des zulässigen Höhenstandes im Separator blockiert worden, um den Versuch unabhängig von der instabilen Arbeitsweise des Reaktors durchführen zu können.

1991 präsentierte die zweite russische Kommission eine andere Erklärung des Unfallhergangs. Sie kamen zu dem Ergebnis, dass an dem Unfall im vierten Block der KKW-Tschernobyl die fehlerhaften Konstruktionen des Reaktors sowie die mangelnde Erfahrung des Personals die Schuld tragen.[61] Die dritte russische Kommission von 1996 stützte die zweite These anhand ihrer Untersuchungsergebnisse.

Die Dritte These, die zwischen 1995 – 1996 in den russischen Medien kursierte, besagte, dass ein eng gerichtetes Erdbeben von der Stärke drei bis vier auf der Richterskala in der Region des Kernkraftwerkes von Tschernobyl für den Unfall verantwortlich war.[62] Die erste tektonische Bewegung wurde dreiundzwanzig Sekunden vor dem Ausbruch der Katastrophe registriert. Diese These wird zunächst von den Atomwissenschaftlern abgelehnt, bis 1997 eine seriöse wissenschaftliche Arbeit von den Akademikern Stachanow, Starostenko, Charitonow und anderen Wissenschaftlern, erscheint.[63] Sie finden heraus, dass die Region vor dem Bau des KKW-Tschernobyl nicht ausführlich auf der Geodäsieebene untersucht wurde, obwohl sich schon 1530 ein verheerendes Erdbeben in dieser Region ereignete.

Der Kampf um die wahren Gründe der Ereignisse dauert bis Jahr 2000 an. Zwischen dem 18. und dem 24. Januar 2000 wird in der Neuen Tageszeitung ein Artikel veröffentlicht, in dem ein Brief, der an den Minister für Atomenergie gerichtet ist, publiziert wird. Der Inhalt des Briefes enthält einen ausführlichen Untersuchungsbericht und eine Vorschlagsunterbreitung – das Fundament jedes Kernkraftwerkes zu untersuchen. Dies führt zu der Stoppung des Baus der Kernkraftwerke Krim und Armenien und zu der Stilllegung des KKW-Tschernobyl am 30. März 2000.[64]

- Abschaltung des Notkühlsystems, das beim GAU die Auswirkungen begrenzt, um ein irrtümliches Zuschalten dieses Systems zu verhindern.
- Die Blockierung der Notstromgeneratoren und der Arbeits- und Anfahrtransformatoren, um ein sauberes Experiment durchführen zu können. Aus: Medwedew, Grigorij, S. 70 f.
[61] Diese Auffassung wird auch von Zhores Medwedjew vertreten. In: Medwedew, Zhores, S. 68 ff.
[62] NovajaGezeta Nr. 3 /Oktober 1996, Russland.
[63] Stachanow, W. N., Starostenko, W. I., Charitonow, O. M. u.a.: Auftreten der seismischen Aktivitäten in der Region des Kernkraftwerkes von Tschernobyl, in: Geophysischer Journal Nr. 3, Russland 1997.
[64] NovajaGezeta, 27.04.2000, Russland.

Zusammenfassend soll darauf hingewiesen werden, dass die Menschen im heutigen Russland nach den Recherchen[65] allgemein der dritten These Glauben schenken. Diese wird von der Regierung und den Wissenschaftlern nicht mehr ausgeschlossen.

---

[65] Im Verlauf der Recherchen wurden Telefonate nach Moskau, Kasachstan, Novosibirsk sowie dem Schwarze Meer Gebiete getätigt. Außerdem wurden einige in Deutschland lebende Russendeutsche befragt.

Reaktionen und Notfallmaßnahmen nach der Katastrophe

Die ersten zehn Tage nach dem Unfall – vom 26. April bis zum 6. Mai 1986 –
sind unter dem Begriff die "Schlacht um Tschernobyl" bekannt, weil eben dort
die ersten Reaktionen auf den Unfall stattgefunden haben. Es gibt keine direkten
Berichte aus Tschernobyl, denn es wird eine Nachrichtensperre für diese Zeit
angeordnet. Die unerfreulichen Informationen sollen nicht verbreitet und die
Verantwortung abgewälzt werden. Das Vertrauen der Öffentlichkeit in die
Kernenergie soll erhalten bleiben. Dafür wird die Unwissenheit der
Bevölkerung, aber auch der Beseitigungs- und Aufräummannschaften
ausgenutzt.[66] Zudem will die Sowjetunion vermutlich ihr Gesicht auf der
internationalen Ebene nicht verlieren.

In diesem Kapitel sollen zunächst die ersten Tage nach der Katastrophe
geschildert werden. Im Folgenden soll, anhand einer kurzen Zusammenfassung,
die Berichterstattung in der UdSSR vorgestellt werden. Zudem werden im
nächsten Schritt die Nachrichtensperre und ihre Auswirkung auf die
Notstandsmaßnahmen erläutert.

Die ersten Stunden bzw. Tage nach der Katastrophe

Der Unfall ereignete sich nachts, so dass sich nur wenige Menschen in der
unmittelbaren Umgebung befinden.

Die Explosion schleudert brennende Graphitklumpen und Reaktorbrennstoff in
die Luft. Auf dem Dach[67] der Maschinenhallen werden dadurch mehrere Brände
verursacht. Die ersten Notfallmaßnahmen gelten, neben dem Graphitbrand im
Reaktorkern, den mehr als dreißig Bränden an verschiedenen Stellen des
Gebäudes.

Die Löscharbeiten der Feuerwehr sind gut beschrieben.[68] Aus diesen erfährt
man, dass die Feuerwehrmänner sich zunächst auf die Begrenzung des Brandes
konzentrierten. Die örtliche Feuerwehr, bestehend aus siebzehn Männer und
dem Leutnant W. Prawnik, beschließt, sich um das Feuer im nicht nuklearen
Maschinenraum zu kümmern, welches schlimm wütet. Die städtische Feuerwehr
löscht die kleineren Brände am offenen Reaktor. Weitere Feuerwehrleute

---

[66] Medwedjew, Zhores, S. 58 – 91.
[67] Die Dächer des Reaktorgebäudes und der Turbinenhalle der Blöcke drei und vier bestehen
aus Bitumen, einem leicht entzündlichen Material.
[68] Die Aufräumarbeiten werden ausführlich von Medwedew, Grigorij, S. 58 – 62 und 72 - 83
und Karisch, Protokoll, S. 19 - 25, beschrieben.

werden alarmiert, die vordringlich Brände an einzelnen Stellen auf dem Dach des Reaktorgebäudes drei löschen, die durch niedergefallene heiße Teile des vierten Reaktors entstanden sind. Es wird eine große Katastrophe verhindert, indem Konzentrierungen der Anstrengungen auf den Schutz der übrigen Reaktoren geleistet werden.[69]

Des Weiteren mussten andere Notstandmaßnahmen eingeteilt werden. Zu diesen gehören die Versuche der Dekontamination des Geländes und die Errichtung eines "Sarkophages", um den Reaktor vor der Außenwelt zu isolieren.

Die damalige sowjetische Führung wird am 26. April 1986 um 3:00 Uhr informiert,[70] am Samstagmorgen werden die Straßen von Pripjat mit Seifenlösung abgespritzt. Trotz dieser Aktionen läuft die Bevölkerung mit Kindern auf den Straßen herum, denn keiner wurde über den Unfall informiert. Erst am nächsten Tag findet die Massenevakuierung statt, die nach einer kurzen Mitteilung, die den Menschen keine Aufklärung über die Ernsthaftigkeit der Situation verschaffte..

> „Genossen, wegen eines Unfalls im Kernkraftwerk Tschernobyl ist die Evakuierung der Stadt angeordnet worden. Nehmen Sie Ihre Papiere und das Allernotwendigste mit und nach Möglichkeit Verpflegung für drei Tage. Die Evakuierung beginnt um 14 Uhr."[71]

Während die Bevölkerung, ca. achtundvierzigtausend Menschen, evakuiert werden, bleiben die Feuerwehrleute, Polizisten und etliche andere Menschen vor Ort, die ohne angemessene Ausrüstung und Schutzvorrichtungen sind. Auf ihre Kleidung setzen sich die radioaktiven Partikel, so dass der Schutz ausbleibt. Außerdem benutzen die Retter keine Atemgeräte.[72] Die Möglichkeit der Bestrahlung und der gesundheitlichen Schäden werden nicht bedacht.

> „Wir sahen verstreutes Graphit. Mischa fragte: „Was ist Graphit?" Ich trat es weg. Aber einer der Leute auf dem anderen Wagen hob es auf: „Es ist heiß", sagte er. (...) Wir wussten nicht viel über die

---

[69] Medwedjew, Generalsekretär, S. 294 f.
[70] Medwedew, Grigorij, S. 129
[71] Karisch, Protokoll, S. 24.
[72] Es ist offensichtlich gewesen, dass es nie eine Feuerlöschübung in Tschernobyl gegeben hat. So wurde die Feuerbekämpfung identisch mit anderen Industriebränden durchgeführt.

Zwanzig Stunden nach der ersten Explosion wird festgestellt, dass das Graphit des Reaktorkerns immer noch am Brennen ist, der Kern noch weiterhin schmilzt und der Reaktor noch immer gewaltige Mengen an Radioaktivität und Hitze freisetzt. Es kann somit nicht ausgeschlossen werden, dass die Kettenreaktion des Uran-235 in Teilen des Kerns weiter voranschreitet. Die Folgen davon wären katastrophal, da dies zur Kernschmelze und durch die steigende Temperatur im Kern zur erneuten Explosion führen konnte.

Um den Graphitbrand zu löschen und die Freisetzung riesiger Mengen radioaktiven Materials aus dem Reaktorkrater zu stoppen, werden aus einem Hubschrauber Sand und andere Materialien[74] durch die offene Hubschraubertür abgeworfen.[75] Diese Methode erweist sich als schleppend und ungenau. Die Piloten und das technische Personal ändern dies, indem sie die Säcke etc. im stabilen Bremsfallschirm der Jagdflieger an der vorhandenen Lastentragkonstruktion transportieren. Die Temperatur im Kern steigt jedoch wieder an. Die Maßnahmen mit Hubschraubern werden abgebrochen, da die Wissenschaftler besorgt sind, dass sich der geschmolzene Kern durch die Fundamente des Reaktors brennt und in den Grundwasserspiegel gelingt, wobei eine weitere Explosion möglich wäre.[76]

Das Basement des Reaktorgebäudes wird während des Unfalls überflutet, als die Rohre der Hauptumwälzpumpen durch die Explosion zerstört werden und die Reserve-Wassertanks platzen. Aufgrund dessen mussten zwei Maßnahmen unternommen werden: zum einen die Wasseransammlungen unter dem Reaktorgebäude ableiten und zum anderen das Erdreich gefrieren, um das Gebäude zu stabilisieren.[77] Nach dem Unfall stellen dieses Becken und das überflutete Basement eine große Gefahr dar, wobei das Abpumpen unbedingt notwendig bleibt, zudem muss erwähnt werden, dass das Wasser schon verseucht ist. Durch Öffnen der Schiebeventile konnte das Ausgleichsbecken

---

[73] Medwedjew, Zhores, S. 61.
[74] Bei den Materialien handelt es sich nicht nur um Sand- und Lehmsäcke, die das Feuer ersticken, zudem die radioaktiven Partikel absorbieren sollen. Es werden große Mengen Borkarbid, Blei und Dolomit eingesetzt. So hoffte man die weitere Kettenreaktion im Reaktorkern zu verhindern oder einzudämmen. Das Blei sollte den Kern kühlen.
[75] Karisch, Protokoll, S. 24.
[76] Vgl. Medwedjew, Zhores, S. 74.
[77] Vgl. ebd. S. 75.

abgelassen werden. Für das Ableiten des Wassers im Basement werden Feuerwehrpumpen eingesetzt.[78]

Durch die Beseitigung des Wassers konnte eine gewaltige Dampfexplosion verhindert werden, jedoch nicht eine weitere Kernschmelze. Daher musste der Boden unter dem Reaktorgebäude eingefroren werden. Zudem wird beschlossen, dass das geleerte Ausgleichsbecken mit Beton ausgefüllt wird, ebenso wollte man ein neues dickes Fundament unter dem Reaktor in Form einer mit Blei ausgekleideten Betonpatte bauen.[79] So entsteht das "Sarkophag".[80]

Erst am 5. Mai gelingt es, den Reaktorkern abzukühlen. Der Reaktor brennt in Tschernobyl zehn Tage, trotz schwerster Technik kann der Brand nicht schneller gelöscht werden. Die erste konzentrierte Wolke aus radioaktiven Trümmerteilen, Aerosolen und Gasen zieht nicht nur über Teile der Stadt Pripjat, die Bahnhofsstation Yanov und einige Dörfer, sondern über das Land und darüber in das Ausland, so dass der Unfall nicht mehr verharmlost und verheimlicht werden kann.

Die Nachrichten

In diesem Unterpunkt werden zunächst die Berichterstattungen stichpunktartig dargestellt. Anschließend wird die Informationssperre analysiert.

Eine stichpunktartige Zusammenfassung der Berichterstattungen durch die Medien in der UdSSR

<u>Am Montag dem 28. April:</u>

Die Nachrichtenagentur TASS schickt die erste Nachricht, um 21:08 Uhr der Ortszeit, über den Unfall:

> „Eine Havarie hat sich im Kernkraftwerk Tschernobyl in der Ukraine ereignet. Ein Reaktor ist beschädigt. Zur Zeit werden Maßnahmen zur

---

[78] Vgl. ebd.

[79] Vgl. Medwedjew, Zhores, S. 74 f.

[80] Der Sarkophag wurde 1986 unter sehr schwierigen Randbedingungen, aus bestehenden Resten des alten Reaktorblocks errichtet, deshalb ist heute die Standsicherheit des Bauwerks ungewiss. Durch die dadurch bedingte unsichere Stabilität und Öffnungen im Gebäude kann es zur Freisetzung radioaktiver Stoffe in die Umgebung kommen. Mögliche Folge ist die Strahlenexposition der Beschäftigten am Standort.

Lediglich zwanzig Minuten später wurde in der Fernsehnachrichtensendung Wremja (Die Zeit) der oben erwähnte Text vorgelesen.[82]

<u>Dienstag 29. April 1986:</u>

Am folgenden Tag erscheint die "Regierungszeitung" Prawda (die Wahrheit) ohne die am Abend gemachte TASS-Meldung, d.h. ohne jegliche Informationen. Am selben Tag fotografiert der amerikanische Kommunikationssatellit das Atomkraftwerk von Tschernobyl. Da die sowjetische Regierung es schon im Voraus geahnt hat, bekommen die Amerikaner mehr Informationen seitens der Sowjetunion als die restliche Welt.

<u>Mittwoch, den 30. April:</u>

Die TASS-Meldungen von Montagabend werden erst am Mittwoch in den sowjetischen Zeitungen veröffentlicht. Wobei keine Korrespondenten-Berichte erscheinen.[83] Am selben Tag sieht Schweden nach der Analyse der Satellitenfotos zwei Kernschmelzen.

Die Sowjetunion bestätigt offiziell, dass der Unfall sich am 26. April ereignet hat.

Im örtlichen Fernsehen findet eine Berichterstattung statt, wobei eine Verharmlosung der Geschehnisse stattfindet:

> „Jetzt zeigen wir Ihnen eine Fotografie, die von einem Mitarbeiter des Tschernobyl-Atomkraftwerkes kurz nach dem Unfall aufgenommen wurde. Wie sie sich selbst überzeugen können, gab es keine gigantischen Zerstörungen oder Brände, wie einige westliche Agenturen schreiben. Und auch nicht tausende Tote. Allerdings wurden aus den umliegenden Ortschaften Menschen evakuiert. Obwohl die Strahlung nachgelassen hat, ist aber im Gebiet des Kraftwerkes noch nicht die Norm erreicht. Wir werden sie weiter

---

[81] Mez, Lutz: Der Super-GAU im Atomkraftwerk Tschernobyl. Eine Chronik der Nachrichten, Informationen und Spekulationen, in: Traube, Klaus u. a.: Nachdem Super-GAU. Tschernobyl und die Konsequenzen, Hamburg 1986, S. 20.
[82] Nach den Zeugenaussagen wurde die Nachricht der Bevölkerung so präsentiert, dass die Nachricht als harmlos wahrgenommen wurde.
[83] Vgl. Mez, S. 22.

<blockquote>über den Stand der Dinge im Kraftwerk und über den Verlauf der Arbeiten zur Bekämpfung der Unfallfolgen informieren."[84]</blockquote>

Außerdem wird berichtet, dass einhundertsiebenundneunzig Personen stationär behandelt werden und dass von ihnen bereits neunundvierzig wieder entlassen wurden.[85]

<u>Donnerstag, den 01.Mai:</u>

Nach dem Abschluss der Maifeier auf dem roten Platz veröffentlicht TASS eine Information des Ministerrates, dass der Strahlenpegel um das Kernkraftwerk Tschernobyl sich bis zu fünfzig Prozent verringert. Diese Nachricht wird in der Nachrichtensendung Wremja vorgelesen, nachdem fast eine Stunde lang über die Demonstration zum ersten Mai berichtet wird.[86]

<u>Freitag, den 02. Mai:</u>

Die Zeitungen berichten nichts neues, lediglich werden in den Nachrichtensendungen am Abend die verärgerten und enttäuschten britischen Staatsbürger gezeigt, die ihre Botschaft unverzüglich verlassen mussten, auf Anordnung der britischen Regierung. Die Interviewten waren mit ihrer erzwungenen Abreise nicht einverstanden:

<blockquote>„Ich glaube, dass der Unfall von der westlichen Presse für verwerfliche Ziele benutzt wird. Das ist alles sehr schnell in politische Propaganda übergegangen. Wir sind traurig und es ist uns vor den sowjetischen Freunden peinlich."[87]</blockquote>

<u>Sonnabend, den 03. Mai:</u>

In der Fernsehsendung TASS wird berichtet, dass der Ministerpräsident Ryschkow und ZK-Sekräter Ligatschow sich vor Ort über die Lage der Beseitigung des Unfalls ausführlich informiert haben. Es wird verlautet, dass sie zu dem Ergebnis gekommen sind, dass die Beseitigungsarbeiten organisiert verlaufen und die zusätzlichen Maßnahmen beschlossen werden. Keine Fakten werden an die einheimische Bevölkerung und die restliche Welt weitergegeben, da man befürchtet, dass das Reaktorunglück als Sensation ausgespielt wird.[88]

---

[84] Ebd., S. 23f.
[85] Vgl. ebd.
[86] Vgl. Mez, S. 24.
[87] Ebd., S. 24.
[88] Vgl. ebd., S. 26.

<u>Sonntag, den 04. Mai:</u>

Der erste sowjetische Filmbericht aus Tschernobyl, der von einem Hubschrauber aus aufgenommen wurde, wobei kein einziger Mensch zu sehen ist, wird veröffentlicht.[89]

<u>Montag, den 05. Mai:</u>

Die sowjetische Regierung gibt erstmals eine radioaktive Strahlung in der Ukraine und Weißrussland bekannt, wobei eine tendenzielle Besserung der Lage propagiert wird.[90]

<u>Dienstag, den 06. Mai:</u>

Am 6. Mai 1986 findet eine regelrechte Informationsflut für die sowjetischen Bürger statt. Die Zeitung Prawda veröffentlicht einen Bericht über den Unfallhergang und über die aktuelle Situation im Kernkraftwerk und die Umgebung: *„Die zweite Woche nach der Havarie ist angebrochen. Die Situation ist nach wie vor kompliziert. "*[91] Wie schon zuvor wird der Bevölkerung versichert, dass alles unter Kontrolle sei und dass die radioaktive Strahlung stetig sinkt. Außerdem wird über die Evakuierung der Bevölkerung gesprochen.[92] Die Prawda gibt folgende Angaben über den Unfallablauf:

> „Durch die Explosion war ein Teil des Reaktorgebäudes zerstört und ein Brand ausgelöst worden. Dies geschah nachts. Nach der Explosion fing das Dach des Maschinensaales Feuer. Die Feuerwehrsleute bekämpften die Flammen in einer Höhe von 30 Metern. Ihre Stiefel bleiben in Bitumen stecken, der in Folge der hohen Temperaturen geschmolzen war. Ruß und Brandgeruch erschwerten das Atmen, doch die kühnen Männer bekämpften mutig den Brand. Experten sind der Ansicht, daß der selbstlose Einsatz der Feuerwehr das Ausmaß der Havarie erheblich begrenzt hat.
>
> Trotzdem wurden die radioaktiven Stoffe emporgeschleudert, und danach begann im Inneren der Brand. In derartigen Fällen sind die Löscharbeiten außerordentlich schwierig, da weder Wasser noch chemische Stoffe eingesetzt werden können: wegen der hohen Temperaturen würden sie augenblicklich verdampfen und in die

---

[89] Vgl. ebd., S. 27.
[90] Vgl. Mez , S. 28.
[91] Ebd., S. 28.
[92] Vgl. ebd.

Atmosphäre entweichen. Es entstand eine komplizierte und
außerordentlich schwierige Situation.

Zur Ehre der Tausenden von Menschen, die im Kernkraftwerk
arbeiten und nahebei wohnen, sei gesagt: Es brach keine Panik aus,
wenngleich es auch einzelne Panikmacher gegeben hat. Das Unglück
schloß die Menschen so fest zusammen, daß sie die Ordnung rasch
selbst wiederherstellten."[93]

Hinzu wird die ausländische "Panikmacherei" bezüglich der massiven
Bestrahlung des europäischen Teils der UdSSR und des Todes von tausenden
Menschen, die *„gelinde gesagt mit Verwunderung aufgenommen"* werden,
scharf verurteilt. Dabei hat die Leiterin der Wetterstation von Tschernobyl am
26. April 1986, nach einem Anstieg der Radioaktivität, lediglich eine
"Vorsichtsmaßnahme" durchgeführt und die gesammelten Daten in das
hydrometeorologische Zentrum der Ukraine abgeschickt. Zu dieser Zeit verläuft
bereits die Evakuierung der Menschen in vollem Gange.[94]

„Die Evakuierung verlief organisiert und zügig. Nur insgesamt vier
Stunden benötigt man, um die Bevölkerung aus der
Kraftwerkssiedlung herauszubringen. Die Menschen wurden in
benachbarte Gebiete transportiert. Die Deputierten der Dorfsowjets
verteilten die Leute auf Wohnungen. Den Kindern wurden die
Schulen zugewiesen, die Evakuierten helfen den Einheimischen in der
Wirtschaft."[95]

Als die Menschen in Kiew über den Unfall in Tschernobyl erfahren, kommen
viele Freiwillige, die Ihre Hilfe anbieten. Dieser Bericht endet mit dem Satz:

„Trotz der ganzen Kompliziertheit der durch die Havarie im vierten
Energieblock entstandenen Lage herrschte und herrscht in der
Siedlung des Kernkraftwerks und in nahen gelegten Dörfern die ganze
Zeit über Ordnung."[96]

Die Analyse zur Informationssperre

Über zwei Tage kann die sowjetische Regierung der Welt gegenüber die
Katastrophe geheim halten, bis die schwedische Regierung die UdSSR

---

[93] Mez , S. 28 f.
[94] Vgl. ebd., S.29.
[95] Ebd.
[96] Ebd.

auffordert, endlich eine Erklärung, bezüglich der Geschehnisse abzugeben. Denn die Wetterbedingungen, welche im Prinzip kaum einer Regierung unterstellt sind, machen ihre eigenen Spielregeln. So erreicht die Giftwolke innerhalb weniger Tage Schweden, was zur Auslösung des Alarms im schwedischen Kernkraftwerk Forsmarkt führt.[97] Nach der Analyse der Geschehnisse von schwedischer Seite kommt man zu dem Ergebnis, dass in der Sowjetunion etwas passiert sei. Doch die Sowjetunion schweigt. Erst am Mittwoch, also nach fünf Tagen, wird die Internationale Atomenergie-Organisation (IAEO) in Wien informiert.[98]

Als Mitglied der Organisation ist man verpflichtet, jeden Störfall und Unfall zu melden. Nach solch einem Unfall konnte die Sowjetunion nicht mehr schweigen.[99] Im Landesinneren aber wird die „Schweigepolitik" bezüglich der Ursachen und des Ausmaßes des Unfalls weiter betrieben. Dies geschieht aus unterschiedlichen Gründen. Zum einen braucht man Menschen, welche für die Bekämpfung der Katastrophe eingesetzt werden. Man kann aber vermuten, dass jemand mit gesundem Menschenverstand sich niemals solch einer Gefahr aussetzen wird, wenn er die volle Wahrheit über die Gefahren kennt. Vor allem nicht unter solchen Bedingungen, wie beispielsweise das Fehlen der elementaren Schutzkleidung, der Gasmasken und der gesundheitlichen Folgen, die in Form gravierender Schäden und sogar Tod auftreten.[100] Natürlich gibt es viele Freiwillige, die auch Bescheid wussten und sich dennoch zum Unfallort begeben haben. Natürlich wird an die Operatoren und Ingenieuren-Liquidatoren, die in der ganzen Sowjetunion zur Beseitigung des Problems mobilisiert werden, später die Schutzkleidung verteilt. Doch ob die Schutzkleidung einwandfrei ist und für solch einen Fall einen wirklich ausreichenden Schutz bietet, ist eine andere Sache. Tatsache ist, dass die hohen Löhne einige Zweifel wecken. So bekommt ein Liquidator als Ausgleich für die Risiken das fünffache seines Monatslohnes und für besonders risikoreiche Kurzarbeiten werden ein Tausend Rubel ausbezahlt.[101]

---

[97] Karisch, Protokoll, S. 25.

[98] Vgl. ebd., S. 27.

[99] Bis zu der Katastrophe von Tschernobyl gab es keine Meldungen, bezüglich der Unfälle und Störungen, seitens der Sowjetunion, obwohl laut Grigori Medwedew diese schon öfter vorkamen. In seinem Buch die „Verbrannten Seelen" werden die Störfälle und Unfälle in einem Vergleich mit den USA aufgelistet.

[100] Vgl. Medwedjew, Zhores, S.83.

[101] Vgl. ebd., S. 84.

Als nächstes kann man vermutlich die Ohnmacht der Regierungsführung, die auf solch eine Katastrophe nicht vorbereitet war und im Zuge des Kalten Krieges ihr Gesicht wahren wollte, als Grund für das Schweigen vorstellen.[102] Zudem soll das Vertrauen in die Kernenergie, die gerade in der UdSSR von der Regierung als rentabelste und ungefährlichste propagiert wird, nicht erschüttert werden. Man verschweigt zwar den Unfall nicht, aber das Ausmaß, die Gefährdung und die daraus resultierenden Folgen. Sogar am 6. Mai, zehn Tage nach der Katastrophe, erfährt die russische Bevölkerung, abgesehen von den Regierungsvertrauten, nicht die volle Wahrheit. Die Medien[103] berichten lediglich, dass sich an dem Kernkraftwerk Tschernobyl ein schlimmerer Unfall als bisher angenommen ereignet hat.[104] Dies geschieht aber auch nur, weil sich der Generaldirektor der IAEO, Dr. H. Blix, mit der Delegation der internationalen Experten auf dem Weg nach der UdSSR befand, wo sie sich gemeinsam am Unfallort umsehen wollen.[105] Man muss der Bevölkerung, die daran gewöhnt ist, hinter dem „Eisernen Vorhang" zu leben, solch eine "Offenheit" seitens der UdSSR bezüglich des Besuches erklären. Sonst wäre diese Offenheit verdächtig vorgekommen und die Menschen hätten unnötige Fragen gestellt. In der Pressekonferenz, die am selben Tag stattfindet, erlaubt man den sowjetischen und osteuropäischen Journalisten vorbereitete, mündliche Fragen zu stellen. Gegensätzlich müssen die westlichen Journalisten ihre Fragen schriftlich einreichen,[106] so dass die Medien weltweit nichts zu den Katastrophenursachen oder dem Katastrophenausmaß berichten können.[107] Somit wird von der Sowjetregierung für Schadensbegrenzung gesorgt. Obwohl die Vertrauten von Anfang an über das wahre Ausmaß der Katastrophe informiert sind, werden ihrerseits die weiteren Notfallmaßnahmen bezüglich der beispielsweisen Evakuierung der Menschen nur sehr schleppend eingegangen. Im Allgemeinen soll erwähnt werden, dass die Ereignisse runtergespielt werden.

---

[102] Vgl. ebd., S. 83.

[103] Der Fernsehbericht und die Pressenmitteilung sollten die Bevölkerung beruhigen und für Schadensbegrenzung sorgen. Dies geht daneben, da man den Menschen immer noch die Ursachen, die zu dem Unfall führten, nicht mitteilten und sie über die ausgehenden Gefahren nicht informierten, was zu immer mehr fragen führte.

[104] Zwar wurde in der Sowjetunion den Menschen erzählt, dass sich im Kernkraftwerk Tschernobyl eine Havarie ereignete und das ein Reaktor beschädigt ist, so dass alle möglichen Maßnahmen zur Beseitigung der Folgen unternommen werden. Diese Ereignisse werden von den kontrollierten Medien verharmlost.

[105] Vgl. Medwedjew, Zhores, S. 84.

[106] Medwedjew, Zhores, S. 84.

[107] Vgl. ebd., S. 84 f.

Die Behörden betreiben eine Politik der Verharmlosung, denn ein nicht angenommener und berechneter Atomunfall findet, trotz aller Prognosen, statt.

Obwohl die von der IAEO eingesetzte Kommission zur den erschütternsten Ergebnissen gelangt[108], werden von Anfang an und sogar bis heute die Auswirkungen des Unfalls heruntergespielt.[109] Über längeren Zeitraum werden jegliche langfristige Folgen für die menschliche Gesundheit bestritten. Das überrascht allerdings die Wenigsten, denn zu den expliziten Aufgaben der IAEO gehört auch die Förderung der „friedlichen" Nutzung der Atomenergie.

---

[108] Vgl. ebd., S. 85 f.

[109] Kurz vor dem zwanzigsten Jahrestag nach der Katastrophe von Tschernobyl, veröffentlicht „Der Spiegel" einen Artikel, „Die große Zahlenlüge", in dem die IAEO beschuldigt wird, bei der Beurteilung des Atomunfalls und dem im Herbst 2005 veröffentlichten Bericht, die Zahlen der Katastrophenopfer manipuliert zu haben. Dabei wird in dem Bericht von IAEO lediglich von weniger als 50 Toten, die direkt nach dem Unfall durch die Strahlung gestorben waren und allenfalls 4.000 Menschen, die aufgrund des Reaktorunfalls kürzer leben würden, gesprochen. Außerdem wird ausgesagt, dass im Großen und Ganzen keine tief greifende negative Gesundheitsfolgen bei der übrigen Bevölkerung (Ausnahme Katastrophenhelfer und schilddrüsenkrebskranke Kinder) in den umliegenden Gebieten festgestellt werden konnten und dass die weitverstreute Strahlung, die weiterhin eine wesentliche Bedrohung der menschlichen Gesundheit darstellen würde, mit Ausnahme einiger Sperrgebiete, nicht mehr vorhanden sind. Vgl. www.spegel.de/panorama/0,1518,4102668,00; Vgl. www.greenpeace.de

Die Folgen und Auswirkungen der Katastrophe

In diesem Kapitel werden die Auswirkungen und die Folgen der Katastrophe von Tschernobyl ausführlich beschrieben. Dabei werden die Auswirkungen auf die Umwelt, die Folgen für die Landwirtschaft sowie für die Gesundheit der Menschen in der UdSSR näher erläutert. Zuletzt wird auf die globalen Auswirkungen eingegangen. Die gesundheitlichen, landwirtschaftlichen und globalen Folgen der Katastrophe sollen unter dem Aspekt der Nachrichtensperre analysiert werden.

Dabei ist zu erwähnen, dass sich die Freisetzung von Radioaktivität über zehn Tage hinweg zieht und die radioaktive Wolke, bewirkt durch einen Graphitbrand und hohe Temperaturen, steigt hoch in die Atmosphäre und zieht in alle Himmelsrichtungen, vom Explosionsort weg. Demzufolge werden rund fünfzig Millionen Curie unterschiedlicher radioaktiver Isotope freigesetzt. Abgesehen von den großen Mengen an radioaktiven Edelgasen Krypton-85 und Xenon-133, die allgemein als nicht umweltschädlich angesehen werden, werden Unmengen von Plutonium jeglicher Art, Strontium-90, Caesium-137 und Krypton-85, freigesetzt, die schlimmere Auswirkungen auf die Umwelt haben, da sie eine lange Lebensdauer besitzen.[110]

Die gesundheitlichen Folgen in der Ukraine, Weißrussland und Russland

Die medizinischen Sofortmaßnahmen auf dem Werksgelände während des Brandlöschvorgangs werden von dem Allgemeinmediziner Dr. Belokon übernommen. Er ist in den ersten Stunden nach dem Unfall als einziger Mediziner auf dem Gelände. Nach dem Notruf begibt er sich zum Kernkraftwerk. Ohne angemessene Schutzkleidung behandelt er die ersten Brandverletzten und diejenigen, die sich über Übelkeit, rasende Kopfschmerzen und heftiges Erbrechen beklagen.[111] Als er die ernsthafte Lage sieht, fordert er Kaliumjodid-Tabletten, die die Einlagerung von radioaktivem Jod in der Schilddrüse verhindern soll. Stattdessen werden ihm Betäubungsmittel geschickt. Zu diesem Zeitpunkt wollen die Verantwortlichen immer noch nicht akzeptieren, dass der Unfall solch ein gefährliches und verheerendes Ausmaß angenommen hat.

---

[110] Vgl. Medwedjew, Zhores, S. 95 ff.; Die folgende Tabelle verdeutlicht den gesamten Kernintervall und die gesamte Freisetzung.
[111] Karisch, Protokoll, S. 20f.

Die Menschen, die sich unmittelbar nach dem Unfall in der Nähe bzw. am Gelände des Kernkraftwerkes befinden, wie beispielsweise die Mitglieder der Betriebsmannschaft, die Feuerwehrleute, die Polizisten, Hubschrauberpiloten etc. bekommen eine hohe Strahlendosis ab. Von diesen Personen sterben einige kurz nach dem Unfall, da sie an akutem Strahlensyndrom leiden.[112] Es soll an dieser Stelle auch erwähnt werden, dass offiziell nur die Todesfallzahl der Opfer in den Statistiken aufgeführt werden, die unmittelbar nach dem Unfall gestorben sind. Die Zahl beläuft sich auf einunddreißig Todesfälle.[113]

Die medizinischen Sofortmaßnahmen außerhalb des Werksgeländes werden viel zu spät durchgeführt. Die Bevölkerung hat keinerlei Informationen darüber erhalten, dass sie in ihren Häusern bleibt oder evakuiert werden muss, um der Strahlenbelastung zu entgehen und weniger gesundheitliche Schäden davon zu tragen. Erwachsene spazieren mit ihren Kindern nichts ahnend am Frühlingstag und dem folgenden Sonntag an der frischen Luft, in der Ukraine, in Weißrussland und Russland, also in den Gebieten, über die die radioaktive Wolke hinwegzieht.[114] Es werden keine sofortigen, vorbeugenden Behandlungen durchgeführt, so hätte die Behandlung mit Jodtabletten, Fälle von Schilddrüsenkrebs verringern können. In den Gebieten, die weiter vom Unfallort entfernt liegen, müssen zum einen die ins Krankenhaus eingelieferten Opfer behandelt und die Schwerkranken in angemessene Spezialkliniken gebracht werden. Zudem muss die Gefahr für die örtliche Bevölkerung reduziert werden, so dass in den Gebieten Pripjat, die Eisenbahnstation Janow und einigen kleineren Dörfern in Reaktornähe eine Evakuierung stattfindet. Zunächst werden lediglich die Menschen evakuiert, die schwere Formen des Strahlensyndroms entwickeln. Es werden Personen mit schweren Hautverbrennungen und erkennbaren Strahlensymptomen nach Moskau in eine Spezialklinik (Krankenhaus Nr. 6) eingeliefert. Darauf folgend wird beschlossen, nicht nur alle hospitalisierten Opfer, sondern die ganze Stadt zu evakuieren.

Ab Mitte Mai wird eine zweite Evakuierung von Kindern, Müttern von Kleinkindern und schwangeren Frauen seitens der ukrainischen und weißrussischen Gesundheitsminister beschlossen. Am 14. Mai sollen alle

---

[112] Vgl. Pörzgen, Gemma: „Radiophobie" und offiziell nur 31 Tote. Ökologische und medizinische Folgen von Tschernobyl, in: Der Tschernobyl-Schock, Zehn Jahre nach dem Super-Gau, (Hrsg.) Karisch, Karl-Heinz, Wille Joachim, Frankfurt am Main 1996, S.56. (Pötzgen, G.)
[113] Vgl. Pötzgen, G., S. 56.
[114] Vgl. Medwedjew, Zhores, S. 161.

Schulen geschlossen werden und die Evakuierung stattfinden. Der Bevölkerung von Kiew wird erklärt, dass die Evakuierung eine Vorsichtsmaßnahme und die Kinder nicht in Gefahr seien, um die Wahrheit zu vertuschen und die späte Reaktion zu rechtfertigen.[115]

Die Folgen der Vertuschungen sind schwerwiegende Erkrankungen, so hat die Bevölkerung mit verschiedenen Arten von Krebs zu kämpfen, mit gestörter Immunabwehr, welche als "Tschernobyl - Aids" oder "Tschernobyl - Syndrom" bezeichnet werden.[116] Zudem haben einige Krankheiten nicht nur einen sehr schleppenden chronischen Verlauf, sondern werden auch häufig von psychischen Krisenzuständen, wie beispielsweise starke Gefühlsschwankungen, geringere körperliche und geistige Belastbarkeit, Gedächtnis- und Konzentrationsschwäche oder ständige Schlafstörungen, begleitet. Hinzu kommen die Patienten, die unter Kreislaufstörungen, schweren Psychopathologien und Charakterstörungen, leiden. Bei solchen Patienten spricht man von einem "internen Wasserkopf".[117] Kinder von Frauen, die während des Unfalls schwanger waren oder unmittelbar nach dem Unfall schwanger werden, aber auch in vereinzelten Fällen bis heute, werden mit Missbildungen geboren. Die Folgen von Tschernobyl treffen vor allem Kinder, da die Strahlensensibilität mit dem Alter korreliert. Allein in Weißrussland spricht man von ca. achthunderttausend[118] betroffenen Jungen und Mädchen.

Erst nach einigen Jahren und einem massiven öffentlichen Druck erfahren die Menschen, wenn auch nur beschränkt, dass eine breitflächige Verseuchung in den Gebieten der ehemaligen Sowjetunion unmittelbar nach der Katastrophe stattfand und dass eine breit greifende Bevölkerungsfläche evakuiert werden muss.[119] Dieser Unterpunkt soll mit einem Zitat von Grigori Medwedew beendet werden:

---

[115] Medwedjew, Zhores, S. 86.

[116] Pörzgen, G., S.59 f.

[117] Ebd.

[118] Allgemein ist zu beachten, dass in der Literatur unterschiedliche Zahlenangaben zu den betroffenen Menschen existieren, dabei wird in den Veröffentlichungen darauf hingewiesen, dass diese nur Schätzungen sind und dass es seitens der betroffenen Regierungen keine genaueren Daten dazu preisgegeben werden und zwar bis heute, zwanzig Jahre nach der Katastrophe und der Einführung der Demokratie. Tatsache ist, dass sie nicht ins Konzept passen. Sie passten vor zwanzig Jahren nicht ins Konzept der damaligen Weltmacht Sowjetunion, sie passen bis heute nicht ins Konzept der internationalen Atomlobby.

[119] Medwedjew, Zhores, S. 103 ff.

„Wenn ich über die Lehren der Tschernobyler Tragödie nachdenke, so denke ich vor allem an jene hunderttausend Menschen, deren Schicksal von der nuklearen Katastrophe am 26. April 1986 betroffen wurde. Ich denke an die zahlreichen Opfer, deren Namen wir kennen, und an die Hunderte von Ungeborenen die nicht das Licht der Welt erblickt haben, deren Namen wir nie erfahren werden, weil ihre am 26. und 27. April in Pripjat bestrahlte Mütter die Schwangerschaft abbrachen… Wir haben die Pflicht, uns an den hohen Preis zu erinnern, der für die Jahrzehnte nuklearen Leichtsinns und verbrecherischer Selbstbeschwichtigung gezahlt wurde."[120]

Die ökologischen Auswirkungen

Der Boden, das Grund- und Oberflächenwasser in der Sperrzone von Tschernobyl sowie in den ökologischen Notstandsgebieten werden durch Radionuklide, die während der Katastrophe in großer Menge in die Atmosphäre freigesetzt werden, schwer verseucht. Diese Verseuchung wirkt sich zu sichtbaren genetischen und biologischen Veränderungen auf die Pflanzen- und Tierwelt aus.[121] So kommt es beispielsweise zur Vernichtung der empfindlichen Pflanzenarten oder der Ausmerzung von Nagetieren. In der sowjetischen Presse wird kurz nach der Katastrophe beiläufig erwähnt, dass beispielsweise vierhundert Hektar des Kieferwaldes abgestorben sind.[122] Die Informationen sickern nur sehr schleppend durch. Trotz Glasnost verschweigt die sowjetische Regierung das wahre Ausmaß der Katastrophe, sogar noch heute ist es unmöglich, die Folgen des Reaktorunfalls ernstlich zu bilanzieren.

Erst drei Jahre nach dem Unglück (1989) erscheint in der sowjetischen Parteizeitung „Prawda" (die Wahrheit) erstmals eine Landkarte[123], die zur damaligen Zeit die ersten Auswirkungen der Katastrophe die verseuchten Gebiete anzeigt. Demnach wird der Bevölkerung verdeutlicht, dass rund siebzig Prozent des radioaktiven Niederschlags in Weißrussland absank und jeweils fünfzehn Prozent in Russland und der Ukraine. Der Bevölkerung, vor allem den 2,2 Millionen Menschen, die in verseuchten Gebieten lebt, wird klar gemacht, dass rund zweihundert Quadratkilometer belastet sind. Dessen bewusst, werden manche stark verseuchte Regionen erst ein Jahr nach der Veröffentlichung zum

---

[120] Medwedew, Grigori, S. 267.
[121] Medwedjew, Zhores, S. 109.
[122] Ebd.
[123] Die folgende Karte wird aus Medwedjew, Zhores, S. 107 übernommen.

ökologischen Notstandsgebiet erklärt.[124] Im selben Jahr berichtet der Vizedirektor des Moskauers Instituts für die nukleare Sicherheit, Leonid Bolschow, auf dem Physiker-Kongress in Sizilien über das Auftreten von unterschiedlichen Anomalien bei Pflanzen und Tieren. Durch Videomaterialien werden die genetischen Veränderungen von über zwanzig Pflanzen berichtet und belegt. Auch die Zeitungen berichten darüber, dass in den kontaminierten Gebieten die Nutztiere beispielsweise mit mehreren Gliedmaßen bis hin zu zwei Köpfen, auf die Welt kommen, oder dass die Katzen taub und die Ratten blind geboren werden.[125]

Die Folgen für die Landwirtschaft

Der radioaktive Niederschlag von Tschernobyl hat sich in Europa stark auf die Landwirtschaft ausgewirkt, die die größten direkten ökonomischen Kosten tragen musste. So hat man in Polen, Ungarn, Österreich und Schweden große Mengen radioaktiv verseuchter Milch vernichtet. In entfernten Ländern, wie Griechenland, Italien und Frankreich musste man große Mengen an Blattgemüse vernichten. Die Osteuropäischen Länder selbst mussten schwere finanzielle Verluste tragen, da der Import von Agrarprodukten für mehrere Monate verboten wurde. Am längsten betroffen ist das Rentierfleisch in Schweden, sowie das Lamm- und Wildfleisch in Teilen Großbritanniens, Schwedens, Deutschlands und Osteuropas.[126]

In der Sowjetunion selbst sind die Kosten für die Verluste von landwirtschaftlichen Produkten aus dem Evakuierungsgebiet und anderen verseuchten Gebieten in den elf Millionen Rubeln enthalten, die 1988 als Kosten des Unfalls im Ganzen geschätzt werden.[127] Es gibt jedoch auch hier keine genauen Berechnungen dazu. Die Landwirtschaft ist jedoch am stärksten betroffen, wenn man die Langzeitwirkungen des Fallouts von Tschernobyl betrachtet. Die zentralisierten Verteilungssysteme für Nahrungsmittel sind in der Sowjetunion auf die Städte und nicht auf Dörfer ausgerichtet, so hat die Landbevölkerung größere gesundheitliche Schäden davon tragen müssen. Die meisten Bauern sind auf Nahrungsmittel angewiesen, die auf privaten Parzellen produziert werden, die keiner genauen dosimetrischen Kontrolle unterliegen. Die Landbevölkerung aus der Sperrzone, die evakuiert wurde, ist in der

---

[124] Pörzgen, G., S 53.
[125] Ebd., S 54.
[126] Vgl. Medwedjew, Zhores, S.125.
[127] Vgl. Medwedjew, Zhores, S. 125.

Republik neu angesiedelt worden und zwar in die Dörfer, die sich nahe dem Sperrgebiet befinden. Also wieder in die verstrahlten Gebiete. Hinzu haben sie die Anweisung bekommen, ihr Vieh mitzunehmen.

Zunächst wird das Agrarland außerhalb der dreißig Kilometer Zone und nahe der Sperrzone, wo jegliche landwirtschaftliche Tätigkeit eingestellt wurde, gewöhnlich weiter genutzt. Es wird die Weisung gegeben, dass die normale Frühjahrsarbeit fortgesetzt wird, um zu zeigen, dass außerhalb der Sperrzone alles sicher ist und normal funktioniert, um die Öffentlichkeit nichtweiter zu beunruhigen. In dem sowjetischen Fernsehen werden Berichterstattungen in Sondersendungen über die Milchproduktion in verschiedenen Gebieten berichtet und gezeigt, dass sie nicht unterbrochen wurde.[128] Nach ordentlichen Messungen der Oberflächenverseuchung außerhalb der Sperrzone, werden weitere Agrarflächen aufgegeben und die Menschen dort evakuiert. Etwa zwei Millionen Hektar Land sind so stark verseucht, dass spezielle Dekontaminationsmaßnahmen[129] durchgeführt und das Betriebswirtschaftssystem geändert werden muss. In dem zweiten sowjetischen Bericht, dass für die IAEO verfasst worden ist, sind keine genauen Angaben darüber zu finden, wie viel Land wie stark verseucht wurde und kaum Angaben über die landwirtschaftlichen Auswirkungen von Strontium-90 und Plutonium. Es wird nur bekannt gegeben, dass keine landwirtschaftliche Produktion mehr auf Böden zugelassen ist, deren Caesium-137-Konzentartion höher als vierzig Ci/km2[130] ist. Die weniger verseuchten Felder seien nicht für immer abgeschrieben, sondern nur solange, bis die Durchführung von Dekontaminationsmaßnahmen endet. Die Viehwirtschaft soll tatsächlich vorübergehend auf jedem Land verboten werden, da die Milch und das Fleisch stark verseucht seien.

Die Nutztiere sind ebenfalls stark verseucht, so dass der Verzehr von Fleisch und tierischen Produkten verboten werden soll. Die Tiere nehmen die radioaktiven Isotope sehr schnell im Körper auf, vor allem wenn sie auf offenen Flächen weiden. Die ländliche Bevölkerung versorgt sich in der Regel selbst mit

---

[128] Vgl. ebd., S. 127.

[129] Die Dekontamination war nicht nur notwendig, um den Boden für die Landwirtschaft wieder nutzbar zu machen, sondern auch, um die umliegenden, ökonomisch wichtigeren Gebiete und Städte vor dem radioaktiven Staub der Bodenoberfläche und der Winderosion zu schützen.

[130] Curie (Ci) ist eine Einheit der Radioaktivität, benannt nach Pierre und Marie Curie. Ein Curie entspricht $3{,}7 \times 10^{10}$ Becquerel (Bq) oder siebenunddreißig Milliarden Atomkernzerfälle pro Sekunde. Ein Bq liegt bei Zerfall von einem Atomkern pro Sekunde.

Fleisch, Milch und Milchprodukten sowie Gemüse. Der Staat ist nicht in der Lage, diese Nahrungsquelle zu ersetzen. Das sowjetische Arbeitsdokument macht über die Verseuchung des Fleisches lediglich bruchstückhafte Angaben. Für viele betroffenen Gebiete liegen keine genauen Angaben vor.[131] Ein Jahr nach dem Unfall fasst der zweite sowjetische Bericht zwar die Situation in und um Tschernobyl zusammen, jedoch macht sie auch hier keine aktuellen Angaben über die Verseuchung von Milch und anderen tierischen Produkten.

Die sowjetische Öffentlichkeit weiß selbst drei Jahre nach dem Unfall nichts über das wirkliche Ausmaß der Verseuchung und den Verlust von Agrarland. Die meisten Menschen wissen nicht mehr, als dass es eine dreißig Kilometer Sperrzone gibt. In den internationalen Konferenzen werden einige Zahlen preisgegeben, die aber nicht in der sowjetischen Presse veröffentlicht werden.[132]

Die globalen Auswirkungen

Von den sowjetischen Behörden wird das Ausmaß des Unfalls von Tschernobyl geleugnet. Es wird eine Schädigung der Gesundheit der Bevölkerung, der Landwirtschaft oder der Wirtschaft eines anderen Landes ausgeschlossen. Dazu wird das Verbot des Imports der landwirtschaftlichen Produkte aus Osteuropa als ein politischer Boykott gewertet. So behauptet die Sowjetunion, dass die Radioaktivität in keinem anderen Land über das zulässige Niveau gestiegen sei. Das erste kurze Eingeständnis über die Verseuchung der Lebensmittel anderer Länder wird erst im Oktober 1987 gemacht.[133] Inzwischen gibt es umfangreiche Informationen über die Auswirkungen des Unfalls in Schweden, Großbritannien, Westdeutschland, Italien und Österreich, wobei weniger Wissenswertes über Frankreich, Belgien und Griechenland existiert, da die Regierungen dort keinen Wert auf die Untersuchungen legten. Die am stärksten betroffenen Länder wie Polen, DDR, Rumänien, Tschechoslowakei, Ungarn, Finnland, Türkei und Jugoslawien, haben ebenfalls spärliche Informationen aufzuweisen. Die ersten Länder, die von der radioaktiven Wolke betroffen waren, sind Schweden, Polen und Finnland, wobei Schweden am schlimmsten betroffen ist, da dort die höchste Konzentration von radioaktiven Trümmerteilchen enthalten ist. So werden einige Teile des Landes stärker verseucht als jedes andere Gebiet außerhalb der Sowjetunion.[134]

---

[131] Vgl. Medwedjew, Zhores, S. 133f.
[132] Vgl. Medwedjew, Zhores, S. 130.
[133] Vgl. ebd., S. 211.
[134] Vgl. ebd., S. 213.

In der Bundesrepublik Deutschland ist nach amerikanischen und britischen Untersuchungen die tatsächliche kollektive Dosis der Bestrahlung der Gesamtbevölkerung am höchsten. Süddeutschland, entlang der Grenze zu Österreich und der Schweiz, ist weitaus mehr betroffen als der Norden Deutschlands, so dass dort die höchste Dosis in Westeuropa aufzufinden ist. Der Grund dafür ist, dass es dort Regenfälle und schwere Gewitterschauer gab, die zur Verseuchung beigetragen haben. Die Schilddrüsenbelastungen durch Jod-131 sind in der Bundesrepublik ebenfalls die höchsten in der EG. So musste in München das meiste Blattgemüse vernichtet werden. Die BRD erlebt zwei Ablagerungswellen. Die Verseuchung selbst ist jedoch innerhalb kleiner Gebiete sehr unterschiedlich verlaufen. Insgesamt ist festgestellt worden, dass in der BRD durch den Tschernobyl-Unfall fünf bis zehnmal mehr Caesium-137 vorhanden ist als durch alle früheren Atomtests.[135]

Die Informationswelle über den Atomunfall in Tschernobyl wird im Westen rasch verbreitet. Eine regelrechte Überflutung der Informationen versetzt die Menschen in Panik, da dies für einige unbegreiflich erscheint. Es werden zahlreiche Vergleiche zu dem Einsatz der eigenen Atomenergie angeführt und darauf hingewiesen, dass solch eine Havarie bzw. Situation im eigenen Staat unmöglich wäre.[136] Außerdem wird viel über die Inkompetenz und "Schlampigkeit" der Russen diskutiert, aber im eigenen Land betreibt man ebenfalls eine Verbreitung von Fehlinformationen bezüglich des Ausmaßes der Katastrophe. Die Bevölkerung der Bundesrepublik, Millionen von Menschen, spaziert trotz der starken radioaktiven Belastungen nichtsahnend am ersten Maitag durch die Straßen, obwohl eine Erhöhung der Radioaktivität registriert wird. In den Medien wird die angestiegene Radioaktivität als nur „ein wenig gegenüber den üblichen"[137] präsentiert. Ziel ist es auch hier zu Lande gewesen, eine Beschwichtigungspolitik und Irreführung der Bevölkerung zu betreiben.[138] Es wird wiederum, ähnlich wie in der UdSSR, versucht, die tatsächlich möglichen Gefahren eines Kernunfalls abzuwälzen. Somit findet im Westen ebenso wie in der Sowjetunion eine Verharmlosung der Situation statt, welche wiederum eine Verharmlosung des Einsatzes der Atomenergie darstellt.

---

[135] Vgl. Medwedjew, Zhores, S. 232 ff.

[136] Vgl. Küppers, Christian: Langzeit und Spätfolgen der radioaktiven Belastung, in: Traube, Klaus u. a.: Nach dem Super-GAU. Tschernobyl und die Konsequenzen,   S. 131 ff.

[137] Ebd., S.133.

[138] Vgl. ebd.

In der ehemaligen DDR hat es Ende April und in den ersten Maitagen nicht geregnet, so dass keine Schutzmaßnahmen gegen den Tschernobyl-Fallout notwendig sind. Dort hat es keine Maßnahmen zum Schutz der Volksgesundheit gegeben.[139]

---

[139] Vgl. Medwedjew, Zhores, S. 224.

Zusammenfassung

In der vorgelegten Arbeit über die Katastrophe von Tschernobyl wurde zunächst ein kurzer geschichtlicher Grundriss von der Entdeckung der Röntgenstrahlen bis zu der Nutzung der Kernenergie und Aufbau der ersten Kernkraftwerke geschildert. Dabei stellte sich heraus, dass sich ein regelrechter Konkurrenzkampf zwischen den Großmächten entwickelte, welcher die Entwicklung und Nutzung der Atomenergie vorantrieb.

Anhand der Beschreibung und der Vorstellung der beiden Städte Pripjat und Tschernobyl wurde die geographische Lage des Kernkraftwerkes präsentiert. Zudem wurde der Aufbau des Kernkraftwerks Tschernobyl dargestellt und der Reaktortyp beschrieben. Es stellte sich heraus, dass der Reaktor RBMK-1000 gravierende Konstruktionsmängel aufwies.

Durch die Darstellung des Unfallhergangs wurde gezeigt, dass unterschiedliche Gründe für die Reaktorkatastrophe existieren. Zum einen wird das menschliche Versagen als Unfallursache angesehen. Zum anderen wird die mangelhafte Konstruktion des Reaktors als Ursache betrachtet. Außerdem ist auch die These der Naturgewalt nicht auszuschließen.

Die ersten Stunden bzw. Tage nach der Katastrophe verdeutlichen die allgemeine Inkompetenz bezüglich der Einleitung erster Notstandsmaßnahmen und der Bewältigung der Katastrophe. Die schnellstmöglichen Reaktionen, wie beispielsweise die Evakuierung der Bevölkerung, die nach solch einem Unfall einsetzen sollten, wurden eher schleppend durchgeführt. Zudem wird ein Teil der Schuld darauf zurückgeführt, dass eine regelrechte Nachrichtensperre bezüglich des Ausmaßes der Katastrophe und die daraus resultierenden Gefahren stattgefunden hat, so dass einige Schutzmaßnahmen zu spät erfolgten. Die Auswirkungen waren gesundheitliche, ökologische, landwirtschaftliche und globale irreparablen Schäden, unter denen noch viele Generationen leiden werden.

Die verspätete Evakuierung der Bevölkerung aus den kontaminierten Gebieten führte zu einem massiven Anstieg der Krebserkrankungen und verschiedenen physischen, psychischen und chronischen Beschwerden. Die ökologischen Auswirkungen sind gravierend. Die Verseuchung durch Radionuklide, welche nach der Explosion in die Atmosphäre gelangten, führen zum Aussterben verschiedener Tiere und Pflanzen sowie deren biologischen und genetischen Veränderungen. Die fatalen, landwirtschaftlichen Folgen für den Staat sowie für die Bevölkerung bergen einerseits hohe wirtschaftliche Kosten, andererseits musste man große Nutzflächen- und Nutztierverluste verkraften. Der Staat war nicht in der Lage, diese Nahrungsquelle zu ersetzen, so dass die Bevölkerung trotzdem ihre Nutzflächen bebauten und ihre Nutztiere sowie deren tierische Produkte verzehrten.

Die Radioaktivität verteilte sich nicht nur in der ehemaligen Sowjetunion, sondern in alle Himmelsrichtungen, so dass das Ausmaß internationale Dimensionen annahm. Dies brachte eine starke Verseuchung durch Radionuklide mit sich. Auch Deutschland war davon betroffen.

Unmittelbar nach der Katastrophe, als weltweit bekannt wurde, dass sich in der UdSSR eine atomare Katastrophe ereignete, wurde eine regelrechte Medien-Schlacht veranstaltet. Dabei werden die Inhalte und Parolen ausgesprochen, die einen Propagandacharakter annahmen. Ob im Westen oder der UdSSR, das Katastrophenausmaß wurde dabei weitestgehend verschwiegen. Jede Regierung bemühte sich durch den Einsatz der Medien, für eine Schadensbegrenzung zu sorgen und die Nutzung der Kernenergie im eigenen Land zu beschönigen. Dabei spielten die Gefahren, die man verringern konnte, eine geringere Rolle, da man durch Falschinformationen das Vertrauen der Menschen in die Kernenergie erhalten wollte.

Literatur- und Quellenverzeichnis

Brüggemeier, Franz-Josef: Tschernobyl, 26. April 1986 - Die ökologische Herausforderung, München 1998.

Chruschtschow, Segej: Nikita Chruschtschow: Marionette des KGB. München 1991.

Grobe-Hagel, Karl: Radioaktiv brodelnde Pfütze. Der sowjetische Atomstaat, in: Der Tschernobyl-Schock. Zehn Jahre nach dem Super-Gau, (Hrsg.) Karisch, Karl-Heinz, Wille Joachim, Frankfurt am Main 1996.

Karisch, Karl–Heinz: „Da muss sich Furchtbares ereignet haben" – Protokoll der Atomkatastrophe von Tschernobyl, in: Der Tschernobyl-Schock. Zehn Jahre nach dem Super-Gau, (Hrsg.) Karisch, Karl-Heinz, Wille Joachim, Frankfurt am Main 1996.

Karisch, Karl-Heins: Krümelige Masse, in: Der Tschernobyl-Schock. Zehn Jahre nach dem Super-Gau, (Hrsg.) Karisch, Karl-Heinz, Wille Joachim, Frankfurt am Main 1996.

Koepp, Reinhold / Koepp-Schewyrina, Tatjana: Tschernobyl : Katastrophe und Langzeitfolgen. Stuttgart, Zürich 1996.

Küppers, Christian: Langzeit und Spätfolgen der radioaktiven Belastung, in: Traube, Klaus u. a.: Nach dem Super-GAU. Tschernobyl und die Konsequenzen, Hamburg 1986.

Medwedew, Grigori: Verbrannte Seelen : Die Katastrophe von Tschernobyl., übers. von Bendzko, Ralf, München, Wien 1991.

Medwedjew, Zhores: Das Vermächtnis von Tschernobyl, Münster 1991.

Medwedjew, Zhores: Der Generalsekretär: Michail Gorbatschow, eine politische Biographie, Darmstadt 1987.

Mez, Lutz: Der Super-GAU im Atomkraftwerk Tschernobyl. Eine Chronik der Nachrichten, Informationen und Spekulationen, in: Traube, Klaus u. a.: Nachdem Super-GAU. Tschernobyl und die Konsequenzen, Hamburg 1986.

Pörzgen, Gemma: „Radiophobie" und offiziell nur 31 Tote. Ökologische und medizinische Folgen von Tschernobyl, in: Der Tschernobyl-Schock. Zehn Jahre nach dem Super-Gau, (Hrsg.) Karisch, Karl-Heinz, Wille Joachim, Frankfurt am Main 1996.

Wille, Joachim: Becuerellis und katastrophenfeste Menschen. Wie die Deutschen und ihre Nachbarn auf Tschernobyl reagierten, in: Der Tschernobyl-Schock. Zehn Jahre nach dem Super-Gau, (Hrsg.) Karisch, Karl-Heinz, Wille Joachim, Frankfurt am Main 1996.

Wille, Joachim: Die Vorhölle des Atomzeitalters. Ein Besuch im Sarkophag, in: Der Tschernobyl-Schock. Zehn Jahre nach dem Super-Gau, (Hrsg.) Karisch, Karl-Heinz, Wille Joachim, Frankfurt am Main 1996.

Fernsehbericht zum zwanzigsten Jahrestag der Katastrophe von Tschernobyl: Phönix 26. April 2006.

NovajaGezeta Nr. 3 /Oktober 1996, Russland.

www.spegel.de/panorama/0,1518,4102668,00

www.greenpeace.de

Der Supergau im AKW Tschernobyl. Kollektive Verantwortungslosigkeit der Regierung?

Kevin Kutani, 2002

Einleitung

Der einfachste Weg, einer unergründlichen, unverstandenen Sache auf die Spur zu kommen, ist es, Fragen zu stellen. Bei einer Fülle von Fragen jedoch – wo soll man beginnen?

Im Jahre 1986 ereignete sich etwas so Unfassbares, etwas, das die Welt für geschätzte 24.000 Jahre „belasten" wird. Etwas, was vertuscht werden sollte, sowohl vor der eigenen Bevölkerung, als auch vor der ganzen Welt. Etwas, wovor man Angst hatte aber durch Planerfüllungstabellen gezwungen war, in Kauf zu nehmen. Etwas, was ein sowieso schon wirtschaftlich und anderweitig gebeuteltes Land vor der ganzen Welt in Verruf brachte und teilweise zur Aufdeckung drohender, auch zukünftiger unverantwortlicher Gefahren sorgte. Etwas, das in der Vertuschungs- und Aufräumphase zu Grausamkeiten ohne Beispiel geführt hat. Unwissende Menschen wurden unaufgeklärt, ungeschützt und zwangsverpflichtet in den Tod geschickt. Die Rede ist vom Supergau im AKW Tschernobyl, den Folgen und dem Nachlass.

Mittlerweile ist diese Episode der Geschichte Vergangenheit, ein Abschnitt in neueren Geschichtsbüchern und – unfreiwillig – zu einer Art Schlagwort geworden, wie vorher Hiroshima und Nagasaki oder danach das Muroa Atoll. Die menschliche Natur beschäftigt sich mit allen Dingen, die mit den fünf Sinnen erfassbar sind. Wir haben längst den Sinn dafür verloren, Dinge zu ahnen, zu spüren oder zu wittern. Tiere wittern Gefahr, spüren defekte Gene auf, die ein Artgenosse in sich trägt und zur Fortpflanzung untauglich macht. Diese Gabe besitzen wir nicht mehr. Wir sind degeneriert und darum weigern wir uns auch, nicht sichtbare Gefahren, wie Viren oder Strahlung ernst zu nehmen. Schäden sind nicht eminent oder evident sichtbar wie bei einer Fleischwunde. Sie zerfrisst uns von innen, langsam und unmerklich – aber was ich nicht sehe, macht mir keine Angst. Wäre ein Virus so groß wie eine Kokosnuss, wir würden uns durch Sterilität schützen, es mit aller Macht bekämpfen und ausrotten, zumindest rein hypothetisch. Ähnlich verhält es sich mit der Strahlung. Man kann Strahlung zwar sichtbar machen aber man kann sich nicht auf die Lauer legen und sie einfangen und erlegen. Es wird also frei nach der Devise gehandelt, was ich nicht weiß (sehe), macht mich nicht heiß.

Die ersten Erkenntnisse über die Strahlung, die Eindruck machten, waren die des Ehepaares Curie. Damals war die Gefahr, die von einer Überdosis Strahlung ausgeht, noch nicht erforscht. Man war überglücklich, nun Menschen behandeln und anhand von Röntgenbildern komplizierte Knochenbrüche richten zu können

– die Medizin war revolutioniert. So verhielt es sich auch mit den weiteren Entdeckungen auf diesem Feld, die zu der Spaltung eines Atoms führten, welche letztlich die Basis der Kernkraft bildet.

Dass da, wo gehobelt wird, auch Späne fallen, interessiert nur eine Minderheit. Zumeist, wenn sie dadurch direkt bedroht wird, der Rest der Welt schaltet desinteressiert auf einen anderen TV-Kanal und ist froh, ausreichend Strom zur Verfügung zu haben, wo der herkommt, ist unwichtig, und wie er entsteht, erst recht. Wird jedoch die Menschheit oder weite Teile des Globusses bedroht, ist der Aufschrei so groß, dass das Echo lange nachhallt. So geschehen im Fall Tschernobyl.

Leider liegt es jedoch in der Natur des Menschen, schnell zu vergessen. Es sind jetzt 16 Jahre (Stand 2002) seit dem Reaktorunfall im Block 4 des AKW Tschernobyl vergangen und es verhält sich mit der Thematik „Gefahr durch Strahlung" wie mit dem AIDS-Virus, das an öffentlichem Interesse verloren hat, ebenso wie das Ozonloch. Zu finden sind diese Themen weitestgehend auf den Internetseiten von Greenpeace oder ab und zu in den Parteiprogrammen von Umweltbewusstseinsgruppierungen. Große Teile der Weltpopulation kümmert sich nicht weiter darum.

Eine Renaissance jedoch erlebt eine verdrängte Thematik in dem Moment, in dem geheime Dokumente enthüllt werden, die neue Erkenntnisse liefern über den wirklichen Hergang einer Katastrophe. Das ist Enthüllungsjournalismus par excellence. Die neu gewonnen Erkenntnisse bieten die Möglichkeit, alte Fakten aufzubereiten und in neuer Gestalt, mit Insiderwissen gespickt, in sensationeller, aufreißerischer Form als neu zu verkaufen. Als die UdSSR zusammenbrach, kamen die geheimen Dokumente über den wirklichen Ablauf und die Handhabung des Störfalls im AKW Tschernobyl ans Licht. Die Mutmaßungen, die von der Weltöffentlichkeit und deren Experten angestellt worden waren, wurden teilweise bestätigt und in einigen Punkten sogar in alarmierendem Masse übertroffen. Das Thema Tschernobyl war wieder reanimiert und bahnte sich seinen Weg in die Medien. Durch die Öffnung der Grenzen und den Wegfall des Überwachungsstaates und der Parteizensur bot sich die Möglichkeit, mit Betroffenen der Katastrophe zu sprechen, in Sperrgebiete vorzudringen und Proben zu nehmen. Alles das, was noch zu Sowjetzeiten undenkbar gewesen wäre. Es entstanden viele Dokumentationen und sogar ein Spielfilm, der von Russen selbst gedreht wurde.

Diese beiden Formen der medialen Aufbereitung (Spielfilm contra Dokumentation) von Informationsgehalten und Tatbeständen sollen in dieser Arbeit verglichen und strukturiert analysiert werden.

Vorab soll jedoch eine Chronik die Ereignisse wieder ins Gedächtnis rufen, die in Verbindung mit dem bisher größten Störfall in einem AKW stehen. Wichtig in Bezug auf diese Zusammenfassung ist die Bedeutung folgender Bereiche, die mit den neu gewonnenen Einsichten vervollständigt wurden. Da wären: Vertuschung, Evakuierung, Auswirkungen, Liquidatoren und Zukunft.

Im Anschluss daran soll die von Radio Bremen stammende Dokumentation aus der Sendereihe Film Probe: Ich habe den Reaktor bedient; Berichte einiger Überlebender, analysiert werden. Vor allem in Bezug auf die Fragen: Wie wird mit der Thematik umgegangen? Ist der Aufbau der Dokumentation schlüssig? Was ist an Informationsgehalt vorhanden und wie ist dieser verarbeitet?

Darauf folgt eine Darstellung des Spielfilms: RASPAD – DER ZERFALL von Vladimir Dall aus dem Jahr 1990, der in der UdSSR gedreht wurde und ausschließlich mit Russen besetzt ist. Auch dieser Film soll analysiert und den gleichen Fragen wie die Dokumentation unterzogen werden.

Im letzten Abschnitt sollen beide Werke miteinander verglichen werden. Was ist in beiden Werken zu finden? Wie unterschieden sie sich? Ist eine unterschiedliche Herangehensweise eines ausländischen Teams merkbar im Vergleich zu der einheimischen Darstellungsform? Ist der Spielfilm eine Dokumentation oder fiktiv?

Das Fazit gibt letztlich den subjektiven Eindruck des Verfassers nach Sichtung beider Werke wieder und schildert die empfundenen Gefühle und Emotionen, die beim Rezipieren auftraten.

Chronik des Störfalls im AKW Tschernobyl

Der Verlauf

25. April 1986 – Im ukrainischen "Lenin"-Atomkraftwerk Tschernobyl wird ein Experiment gestartet: Es soll geprüft werden, wie lange die Turbine mit der Restwärme des abgeschalteten Reaktors weiterläuft. Der Reaktor wird zuerst zur Leistungsspitze gebracht und soll dann heruntergefahren werden. Damit der Probelauf des Reaktors nicht unterbrochen wird, werden die Sicherheitssysteme mit Absicht außer Funktion gesetzt.

26. April 1986, 1 Uhr, 23 Minuten, 40 Sekunden – Es kommt zum Turbinenstillstand. Der Kühlwasserzufluss ist eingeschränkt, die automatische Abschaltung unterbrochen. Es entwickelt sich ein Hitzestau. Innerhalb von Sekunden steigt die Leistung des Meilers um ein Vielfaches an. 6 Sekunden nach der Notabschaltung ereignet sich der größte anzunehmende Unfall (GAU). Der Block 4 des Atomkraftwerkes Tschernobyl explodiert. Die 256 Arbeiter der Nachtschicht dürfen das Kraftwerk nicht verlassen.[140]

Samstag, 26. April – (...) Es gibt erste Tote und viele Verstrahlte. Eine Wolke mit hochradioaktiven Teilchen steigt auf und treibt nach Norden. Nachrichtensperre um das ganze Gebiet von Tschernobyl. Gerüchte vom Unglück erreichen das ca. 130 km entfernte Kiew.[141]

---

[140] http://www.greenpeace.de/GP_DOK_3P/HINTERGR/C02HI02.HTM (Stand vom 16.10.02)
[141] Beilageheft zum Film: RASPAD – DER ZERFALL

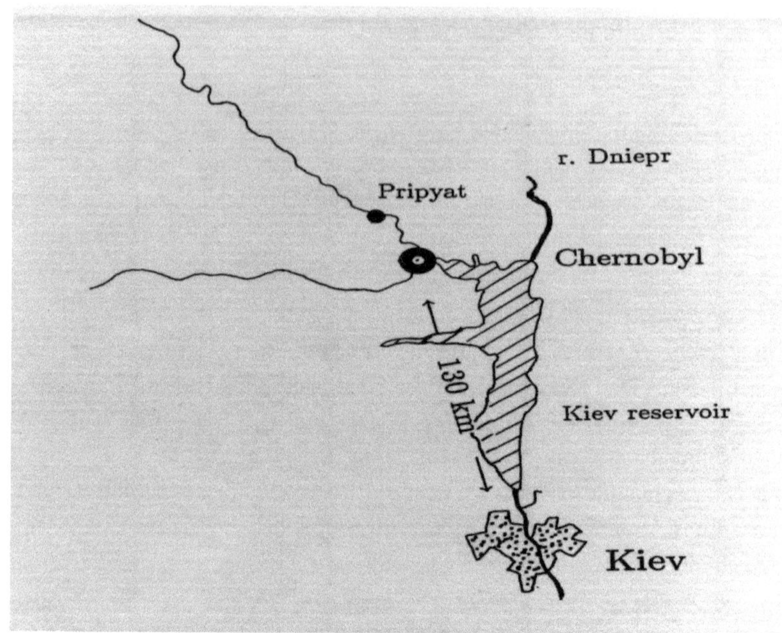

142

27. April 1986 – Die benachbarte Stadt Pripjat ist abgeriegelt, die Telefone funktionieren nicht, die Behörden informieren die Bewohner darüber, dass sie für 3 Tage in Zelten untergebracht werden. Die Löscharbeiten im Kraftwerk dauern an. Von Hubschraubern aus wird Sand, Stahl, Blei und Lehm auf den brennenden Reaktor geworfen.[143]

Sonntag, 27. April – Über das Ausmaß der Katastrophe herrscht Unklarheit. Keine offizielle Information erreicht die Bevölkerung. In Finnland und Skandinavien wird eine erhöhte Strahlung gemessen. Moskau schweigt.

Montag, 28. April – (...) Zehntausende werden aus den Siedlungen um Tschernobyl evakuiert. Messungen im Westen lassen auf eine Katastrophe in einem sowjetischen Atomreaktor schließen. Die Nachricht wird weltweit verbreitet. Gegen 21.00 Uhr die erste offizielle Äußerung Moskaus zum Reaktorunfall: „Havarie im Kernkraftwerk Tschernobyl".[144]

29. April 1986 – In Deutschland erfolgt die erste offizielle Meldung darüber, dass sich in der Sowjetunion "offenbar ein ernster Atomunfall ereignet hat."

---

[142] Chernousenko, V.M.: Chernobyl – Insight from the Inside. Berlin 1991. Aussenband
[143] http://www.greenpeace.de/GP_DOK_3P/HINTERGR/C02HI02.HTM (Stand vom 16.10.02)
[144] Beilageheft zum Film: RASPAD – DER ZERFALL

Mehr als 40 Stunden sind seit dem GAU vergangen. Bundesforschungsminister Riesenhuber teilt mit, dass aufgrund der Windverhältnisse nicht damit zu rechnen sei, dass die freigesetzte Radioaktivität auf die Bundesrepublik zutreibt. Bundesinnenminister Zimmermann schließt eine Gefährdung der bundesdeutschen Bevölkerung aus, "...denn eine Gefährdung besteht nur im Umkreis von 30 bis 50 Kilometer um den Reaktor herum."[145]

Dienstag, 29. April – Die Zahl der Strahlenopfer unter den Feuerwehrmannschaften in Tschernobyl steigt. (...)[146]

21. Mai 1986 – Pripjat wird offiziell vollständig evakuiert.

22. Dezember 1988 – Sowjetische Wissenschaftler weisen darauf hin, dass die Sicherheit des Sarkophags, der den Reaktor mittlerweile umhüllt, nur für 20 bis 30 Jahre berechnet sei.[147]

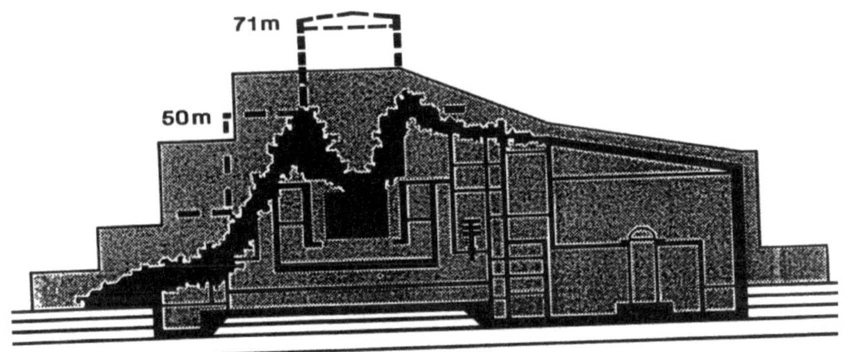

Bild 3–5: Querschnitt durch die zerstörte Tschernobyl 4-Anlage mit Konturen der Gebäude vor dem Unfall und des inzwischen fertiggestellten langfristigen Einschlusses

[148]

1989 – Die zweite Umsiedlungsphase beginnt. Nachdem in der ersten Phase 1986 nur die Bevölkerung aus der 30-km-Sperrzone evakuiert wurde, müssen jetzt über 100.000 weitere Menschen aus Gebieten mit einer Belastung über 15 Curie umsiedeln.

---

[145] http://www.greenpeace.de/GP_DOK_3P/HINTERGR/C02HI02.HTM (Stand vom 16.10.02)
[146] Beilageheft zum Film: RASPAD – DER ZERFALL
[147] http://www.greenpeace.de/GP_DOK_3P/HINTERGR/C02HI02.HTM (Stand vom 16.10.02)
[148] Kröger, W. und Chakraborty, S: Tschernobyl und weltweite Konsequenzen. Köln 1989. S. 71

20. April 1989 – Die sowjetische Regierung beschließt einen Baustopp für den fünften und sechsten Reaktorblock im Kraftwerk Tschernobyl.

15. April 1991 – Der Katastropheneinsatzleiter und ukrainische Kernphysiker Tschernousenko gibt in einem Zeitungsinterview Auskunft über die Zahlen der Todesopfer von Strahlenschäden. Die Katastrophe habe bereits sieben- bis zehntausend Menschenleben gefordert. Offiziell wird weiterhin von 31 Toten gesprochen.

12. Oktober 1991 – In Block 2 des Kernkraftwerkes Tschernobyl bricht ein Feuer aus. Es wird nach wenigen Stunden gelöscht, der radioaktive Ausfall liegt angeblich in den normalen Grenzen. Nachdem auch der Block 2 für immer abgeschaltet werden muss, beschließt das ukrainische Parlament die endgültige Stillegung des AKW bis Ende 1993.

16. Mai 1995 – Die ukrainische Regierung legt neue Stillegungspläne vor. Der erste Reaktor von Tschernobyl soll 1997, der Reaktor 3 im Jahr 1999 endgültig abgeschaltet werden. Für die Schließung von Tschernobyl fordert die Ukraine 4 Milliarden Mark von den G7-Staaten. Der Ersatzstrom soll aus einem Gaskraftwerk kommen

5. Juni 2000 – Während des Staatsbesuches des US-amerikanischen Präsidenten Bill Clinton verkündet der ukrainische Präsident Kutschma, dass der letzte laufende Reaktorblock von Tschernobyl am 15. Dezember endgültig geschlossen werden wird.[149]

Sicherlich sind viele weitere Aspekte von großer Bedeutung, die in der Chronik keine Erwähnung gefunden haben, jedoch sind die oben genannten später in den Fernsehadaptionen in erweiterter Form wiederzufinden.

Details und Fakten

Recherche und Quellen

Über den Störfall im AKW Tschernobyl gibt es unzählige Veröffentlichungen und Publikationen, sowohl im Internet als auch in Buchform. Nach eingehenden Studien ist eines auffällig geworden, nämlich dass sie alle weitestgehend ähnlich strukturiert sind. Im Bezug auf den Störfall an sich sind fast minutengenau chronologisch alle Einzelheiten bekannt. Hier gibt es kaum Abweichungen. Einige Werke zeichnen sich durch präzise, wissenschaftliche, technologische Erläuterungen aus, die im einzelnen mit Tabellen, Skizzen und Messwerten

---

[149] http://www.greenpeace.de/GP_DOK_3P/HINTERGR/C02HI02.HTM (Stand vom 16.10.02)

unterlegt sind. Sie sind teilweise jedoch so speziell, dass sie nur von einem sehr versierten Fachpublikum verstanden werden können, so zum Beispiel das Buch von Dr. Wolfgang Kröger und Dipl.-Phys. Sabyasachi Chakraborty mit dem Titel: Tschernobyl und weltweite Konsequenzen. Als Dokumentation des „genauen" Hergangs des Reaktorunfalls jedoch von unschätzbarem Wert.

Andere Werke haben ihren Schwerpunkt in Bezug auf die Folgen. Da wäre das Werk von Hans-Jürgen Wirth: Nach Tschernobyl; regiert wieder das Vergessen? Dieses Buch wirft die Frage in den Raum, wie der Verdrängungsprozess an sich stattfindet und wodurch er ausgelöst wird. Also hauptsächlich ein psychologischer Ansatz zum Thema Tschernobyl.

Wieder andere Werke beschäftigen sich mit betroffenen Gruppen, so zum Beispiel mit den Einwohnern von der AKW-Stadt Pripyat oder wie im Buch von Gerd und Renate Biermann: Die Kinder von Tschernobyl, ausschließlich mit der Nachkommenschaft. Hierüber sind auch die meisten Internetseiten zu verzeichnen. Hilfsgruppen, Spendenkonten, Umweltorganisationen und Anklageschriften. Auch theologische Bücher sind zu finden, wie zum Beispiel von Dierk Schneider: Nach Tschernobyl; Hoffnung auf ein neues Menschenbild.

Das jedoch wohl vollständigste und allumfassendeste Werk stammt von V.M. Chernousenko mit dem Titel: Chernobyl; Insight from the Inside. Dieses Werk ist gespickt mit den Fragen und Antworten, die die breite Öffentlichkeit wirklich interessiert. Einige dieser Fragen und Antworten sollen hier näher betrachtet werden. (Da es zu diesem Werk keine deutsche Fassung gibt, müssen die Übersetzungsfähigkeiten des Verfassers genügen).

Die Hauptthemen

Vladimir Mikhailovich Chernousenko wurde von der ukrainischen Regierung nach der Katastrophe eingeladen, eine Spezialeinheit zu bilden, die sich mit der Eindämmung und der Absicherung der Unfallstelle beschäftigen sollte. Als Atomphysiker und Leiter der Wissenschaftsakademie in Kiew war er der wohl Fähigste für diese Aufgabe, der vor Ort zu finden war. Seine Darstellungen und Eindrücke rühren also aus erster Hand, und obwohl man sich an dieser Stelle fragen mag, wie man bei einem Buch von Objektivität und Wahrheitsgehalt sprechen kann, wenn es sich bei dem Verfasser um ein Mitglied des Aufräumkommandos handelte, das von dem Regime auserwählt wurde, welches jahrelang die Weltöffentlichkeit hinters Licht führte, sei gesagt, dass dieses Buch im Jahr 1991 erschien, als Dr. Chernousenko nicht mehr für diese Regierung arbeitete und sein Werk im Westen veröffentlicht wurde. Die

Hauptthemen, die sich im Verlauf der Zeit immer wieder als die wichtigsten herausgestellt haben, sind: Vertuschung, Evakuierung, Liquidatoren und Auswirkungen.

Vertuschung

Bekannt ist, dass ein Land an sich sehr ungern seine „schmutzige Wäsche" in der Weltöffentlichkeit wäscht. Das ist teilweise gut verständlich, weil das Ansehen sonst global gesehen immens leiden kann. Als Beispiel: Verwüsten in Deutschland einige Skinheads einen jüdischen Friedhof, ist innenpolitisch gesehen sehr daran gelegen, diese Schändlichkeit zu verbergen, weil es sonst vielleicht übertrieben heißen kann: Deutschland rüstet zum Vierten Reich. Wie „Stille Post" funktioniert, haben wir alle zu einem frühen Zeitpunkt in unserem Leben eindrucksvoll auf Kindergeburtstagen gelernt. Dass im Zeitalter des Internets und der multimedialen Community nichts im Verborgenen bleibt, führt heutzutage zu anderen Mitteln, vornehmlich der Krisen-PR. Das heißt, vor der Weltöffentlichkeit zu verharmlosen, zu desensibilisieren und – wenn gar nichts mehr hilft – die pure Wahrheit berichten, mit Augenmerk auf eine stark bemühte Öffentlichkeit, die gegen das Unrecht oder die Katastrophe angeht. Wenn nämlich etwas vertuscht oder verheimlicht wird, kommt es meistens doch an die Weltöffentlichkeit und dann mit sehr viel größerer Wucht.

Im Fall von Tschernobyl galten andere Voraussetzungen und es wurde anders gehandhabt. Erstens geschah der Unfall in einem Land, das nach außen immer sauber dastehen wollte. Das heißt, ein Land regiert aus der Hauptstadt, mit einer Pressezentrale, die hemmungslos zensierte und reglementierte. Zweitens regiert wurde aus einem Politbüro, das die Ausmaße nicht verstand und wenn ja, nicht in der Lage war, adäquat zu reagieren. Drittens, die Unvorstellbarkeit der Katastrophe, vielmehr das Unverständnis über die Materie an sich. Viertens wollte man eine Panik verhindern und sich erst einen eigenen Überblick über das Unglück verschaffen. Fünftens galt die Devise, erst einmal alles abzustreiten, der Schaden mag ja nur marginal sein und sonst hat man sich ganz unnötig lächerlich gemacht. Und letztlich nahm man die Verluste in Kauf, um einen Imageverlust zu vermeiden.

Man nahm an, dass die Lage nicht so schlimm war. Experten, die vor Ort waren, erkannten augenblicklich die Gefahr und wiesen darauf hin, aber nicht sie waren es, die die Entscheidungen fällten. Noch in der Nacht, als der Reaktor brannte und Feuerwehrmänner, die unzureichend ausgerüstet waren, reihenweise zusammenbrachen, Schwindelanfälle oder Ohnmachten hatten, wies der

Parteioffizier des Werks an, weiter zu machen, „Strahlung würde nicht entweichen" und schließlich müsste man das Planziel des Tages noch erreichen.

Trotz der Wissenschaftler, die vor Ort waren und versuchten, eine Evakuierung durchzusetzen, wurde so getan, als sei nichts Gravierendes geschehen. Binnen Stunden nach der Katastrophe waren die Telefonleitungen in und um das AKW stillgelegt – ein Zeichen dafür, dass man wohl ahnte, was geschehen war und eine Verbreitung der Nachricht unterbinden wollte. Verheerend an sich war nur, dass Zeit ein Faktor war, der nicht zur Verfügung stand. Sicherlich musste erst ein Katastrophenplan erstellt und eingeleitet werden. Aber hätte dieser nicht schon bestehen und hätte ein Notfallexpertenteam nicht das Sagen haben müssen?

Von offizieller Seite wird verbreitet, es seien 2 Menschen getötet worden und einige Menschen verletzt. Dies aber auch erst, nachdem Informationen nach Kiew durchgesickert sind. Vor der Welt behauptet man weiterhin, es sei nichts passiert, obwohl die Skandinavier mittlerweile erhöhte Strahlungsmessungen vorliegen haben. Erst, als die Amerikaner Satellitenaufnahmen von dem Gebiet um Kiew machen und erhöhte Strahlung feststellen, gibt Moskau eine offizielle Stellungnahme. Es wird von einer Havarie gesprochen, was den Anschein aufkommen lässt, es handle sich um einen Unfall und nicht um eine Katastrophe biblischen Ausmaßes.

Folgende Mythen entwickelten sich über die Zeit in Bezug auf die Katastrophe. Diese resultierten aus der von Moskau verhängten Nachrichtensperre und aus der jahrelang andauernden Verschleierung von Tatsachen.

Mythen:

1. Das Design des Werktyps RBMK 1000 Reaktor ist unfehlbar. Es war das Werkpersonal, das die Explosion ausgelöst hat.

2. Die radioaktiven Teilchen, die freigesetzt wurden aus dem explodierten Reaktor, betrugen nur 3% der vollen 192 Tonen an Uranladung.

3. Es sind technische Änderungen an all den 15 weiteren Reaktoren des Typs RBMK vorgenommen worden. Ein zweiter Unfall ist somit unmöglich geworden (Siehe Widerspruch zu Punkt 1).

4. Nur 31 Menschen starben als Folge des Unfalls und der Aufräumarbeiten.

5. Bevor der Unfall sich ereignete, gab es bereits ausgearbeitete Pläne zur Eindämmung eines Reaktorschadens in solchem Ausmaß.

6. Durch den Sarkophag sind alle Gefahren für die nächsten 20 bis 30 Jahre gebannt.

7. Arbeit in den hoch radioaktiven Feldern des Unfallortes wurde mit der Hilfe von Robotern durchgeführt. Die Männer, die in diese Sperrzonen vordrangen, waren durch ausreichende Sicherheitskleidung geschützt.

8. Als die Liquidatoren nach ihrer Arbeit in der Zone krank wurden und starben, stellte man sofort die Verbindung zu den radioaktiven Feldern fest, vergab medizinische Versorgung und entschädigte die Familien.

9. Die Menschen außerhalb der 30 km-Zone, die vom radioaktiven Staub bedroht waren, wurden sofort gewarnt und mit Jod behandelt. Das zivile Aufklärungs- und Schutzprogramm hat effektiv funktioniert.

10. Die Dosis, die die Menschen in den verseuchten Gebieten abbekamen, hat keinen Effekt auf ihr Erbmaterial. Es ist keine Radioaktivität ins Grundwasser gelangt.

11. Sollte sich noch ein Unfall ereignen, ist man nun gewappnet.[150]

Es gibt noch viele weitere Mythen, aber diese Auswahl ist erschreckend und ernüchternd genug. Die einheimische und die Weltbevölkerung ist systematisch belogen worden.

Evakuierung

Wie bereits durch die Chronik der Ereignisse und anhand des Kapitels über die Vertuschung verdeutlicht wurde, kam die Evakuierung der gefährdeten Bevölkerungsanteile in der unmittelbaren Gefahrenzone viel zu spät und eher unvorbereitet und improvisiert. Vor allem Pripyat, die Stadt der AKW-Arbeiter, die 3 km vom Werk entfernt lag.

Evakuierung aus den hoch-kontaminierten Gebieten: Vom 27. April bis Mitte August 1986 wurden insgesamt 116.000 Personen evakuiert (92.000 Ukrainer und 24.000 Weißrussen).[151]

Bis 1995 wurden weitere 52.500 Ukrainer, 106.500 Weißrussen und 47.500 Russen umgesiedelt. Das unbewohnte Gebiet in der Ukraine, in Weißrußland und in Rußland umfaßt insgesamt 4.300 km². [152]

---

[150] Chernousenko, V.M.: Chernobyl – Insight from the Inside. Berlin 1991. Vorwort (Adaption des Verfassers)

[151] http://www.vorarlberg.gruene.at/aktuell/2002/0425atom.htm (Stand vom 17.10.02)

[152] http://www.vorarlberg.gruene.at/aktuell/2002/0425atom.htm (Stand vom 17.10.02)

Viele evakuierte Menschen wurden in den neu angesiedelten Gebieten wie Aussätzige behandelt. Manche alte Menschen kehrten in die verseuchten Gebiete zurück. Ihre Begründung war, wenn ich schon sterben muss, dann wenigstens zuhause.

Liquidatoren

Die restlichen Monate des Jahres 1986 und die ersten sechs Monate von 1987 wurden damit verbracht, eine „technische Dekontamination" durchzuführen, um das Gebiet in und um das AKW sicherer zu machen. Die, die bis Ende Mai 1986 direkt am Herd der Gefahr gearbeitet hatten, durften nach Hause gehen. Dann kamen die Liquidatoren. Reservisten der Armee, Zivilisten, die Arbeit brauchten und einberufene Menschen, die teilweise keine Wahl hatten. „Etwa 200.000 „Liquidatoren" wurden zwischen 1986 und 1987 für erste Maßnahmen zur Begrenzung der Katastrophe eingesetzt. (...) Insgesamt haben 600.000 – 800.000 Liquidatoren in der 30 km-Zone gearbeitet. Die Aufgaben der Liquidatoren waren Arbeiten zur Begrenzung des Unfalls, Dekontamination des Reaktorgeländes, Errichtung des Sarkophags, Dekontamination von Häusern und Geräten, Straßenbau und die Entfernung von radioaktiv belasteten Bäumen, Böden, Baumaterialien und Geräten. In dieser Zahl sind auch weitere Personengruppen, wie zum Beispiel Ausbilder, Kantinenpersonal, Dolmetscher und technisches Personal enthalten."[155]

---

[153] Biermann, Gerd und Renate: Die Kinder von Tschernobyl. München 1993. S. 40
[154] Ebenda
[155] http://www.vorarlberg.gruene.at/aktuell/2002/0425atom.htm (Stand vom 17.10.02)

Diese Menschen waren hoher Strahlungsfelder ausgesetzt und dies meistens ohne geeignete Ausrüstung oder medizinische Versorgung. Sie wurden von der Bevölkerung als Helden gefeiert aber auch ganz schnell wieder vergessen. Sie wurden fast alle krank, erhielten trotz Invalidität keine Rente, weil von der Regierung keine Verbindung zwischen dem Einsatz in der Zone von Tschernobyl und einer Strahlenkrankheit gesehen wurde. Und viele verabschiedeten sich ganz vom Leben.

> „Jeder sechste der Feuerwehrmänner, die in Tschernobyl im Einsatz gestanden haben und seither gestorben sind, hat seinem Leben selbst ein Ende gesetzt. Insgesamt sind in der Ukraine 193.000 Personen als sogenannte Liquidatoren anerkannt – Soldaten und Feuerwehrleute, die bei der Bekämpfung der Reaktorkatastrophe 1986 oder bei den Aufräumarbeiten eingesetzt wurden. Von ihnen

---

[156] Chernousenko, V.M.: Chernobyl – Insight from the Inside. Berlin 1991. S. 295

sind ein Drittel strahlenkrank. Bis 1993 starben nach offiziellen Angaben 3836 Liquidatoren. Die Überlebenden leiden häufig unter Depressionen und Alkoholismus. Die Depressionen sind nicht nur Folge der ausweglosen Lebenssituation, sondern werden auch durch die Strahlung hervorgerufen."[157]

Strahlenkrankheit: Symptome und radioaktive Verstrahlungsgrade[158]

50 rem — Kleine Dosis. Ist nicht im Blut nachweisbar. Magische Grenze

170 rem — 25% der Patienten erbrechen sich, sind erschöpft und haben Schwindelanfälle. Zu erwartender Eintritt des Todes 0% Wahrscheinlichkeit

330 rem — Fast alle Patienten erbrechen sich. Schwindelanfälle innerhalb der ersten 24 Std. Weitere Symptome können auftreten. 20% sterben binnen von 2 bis 6 Wochen. Überlebende brauchen ca. 3 Monate, um sich zu erholen.

500 rem — Wie bei 330 rem. 50% sterben innerhalb eines Monats. Überlebende brauchen 6 Monate um sich zu erholen.

770 rem — Alle Patienten haben starkes Erbrechen nach 4 Std. und starke Schwindelanfälle mit Ohnmacht. Weitere Symptome folgen. Sterbewahrscheinlichkeit liegt bei fast 100%.

1000 rem — Keine Überlebende

5000 rem — Sofortiges Erbrechen. Tod innerhalb einer Woche

Strahlungskrankheit (auch genannt Tschernobyl – Syndrom)[159]

- Schilddrüsenstörungen
- Gliederschmerzen
- Nasenbluten
- Durchfall
- Kreislaufstörungen
- Neurodermitis

---

[157] http://www.mythen-post.ch/datei_mp_9_95/tschernobyl_mp_9_95.htm (Stand vom 17.10.02)
[158] Chernousenko, V.M.: Chernobyl – Insight from the Inside. Berlin 1991. S. 315
[159] Biermann, Gerd und Renate: Die Kinder von Tschernobyl. München 1993. S. 30

- Grauer Star
- Schwindel
- Bronchitis
- Schlechte Wundheilung
- Kopfschmerzen
- Asthma
- Hepatisis

Außerdem Strahlungs-AIDS. Das Immunsystem funktioniert nicht mehr, so wie bei AIDS.

Auswirkungen

Am schlimmsten hat es natürlich die Kinder getroffen. Ihr Immunsystem war, wenn sie unter 18 Jahren waren, als der Unfall sich ereignete, noch nicht vollständig ausgebildet. Das hat und hatte zur Folge, dass diese Kinder für den Rest ihres Lebens sehr krankheitsanfällig sind. Krebs spielt dabei eine große Rolle – vornehmlich Schilddrüsen- oder Blutkrebs. Durch die Überdosis an Strahlung haben die Zellen angefangen zu wuchern und verursachen dann sehr schnell eine Geschwulst (Krebs). Erbschäden sind natürlich auch zu erwarten. Genzellkerne werden bei zu hoher Bestrahlung zerstört oder mutieren. In der ersten Generation ist vermutlich noch nicht mit hohen Anteilen von Mutationen zu rechnen, jedoch in Folgegenerationen. Tschernobyl wird noch Jahrtausende bestand haben in den Körpern der Zukunftsmenschen.

> „Der Gesundheitszustand der gesamten Bevölkerung in der Ukraine, in Weißrußland und in Rußland verschlechtert sich aufgrund der wirtschaftlichen und sozialen Situation dramatisch, die Lebenserwartung hat in den letzten 10 Jahren um 5 Jahre abgenommen. Bei vielen Krankheiten, wie zum Beispiel Erkrankungen des Nervensystems, bösartigen Tumoren, Geburtsfehlern, Zuckerkrankheit und Immunschwäche wird ein Zusammenhang mit dem Tschernobyl-Unfall diskutiert."[160]

In Bezug auf die Umwelt kann man nur sagen, dass die Auswirkungen noch Jahrtausende Bestand haben werden. „Durch den Reaktorunfall wurden große Flächen der Ukraine, Weißrußlands und Rußlands (ca. 30 % Waldflächen, ca. 60% Agrarflächen) radioaktiv kontaminiert. Davon sind 145.000 km^2

---

[160] http://www.mythen-post.ch/datei_mp_9_95/tschernobyl_mp_9_95.htm (Stand vom 17.10.02)

(Kontrollzone) (...) In diesem Gebiet leben 7 Millionen Einwohner."[161] Auf der Karte kann man erkennen, wie sich die kontaminierte Luft vom Reaktorunglück über Europa verteilt hat. Viele dieser Gebiete haben starke Verunreinigungen hinnehmen müssen. Die Auswirkungen werden erst in Folgegenerationen sichtbar werden oder gar nicht erkannt.

Das Sterben wird weitergehen und die Folgeschäden werden mit der Zeit sichtbar werden.

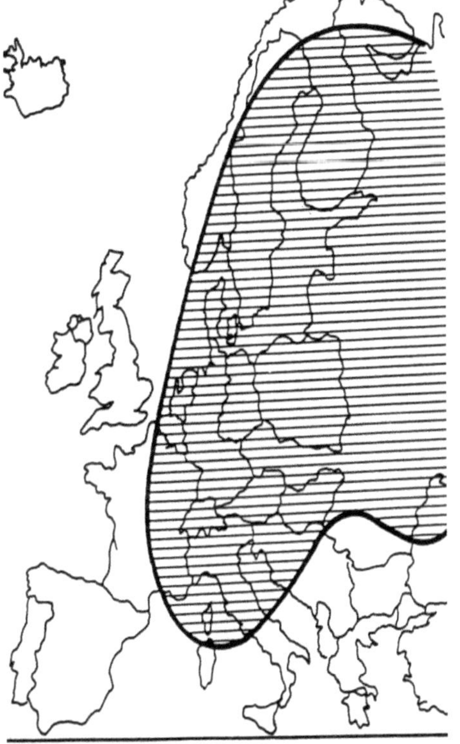

Bild 5-6: *Umhüllende der kontaminierten Luftmassen.*
30. Apil 1986, 24.00 Uhr /7/

162

Chemisches Element	Halbwertzeit (Also Zerfallrate)

---

[161] ebenda
[162] Kröger, W. und Chakraborty, S: Tschernobyl und weltweite Konsequenzen. Köln 1989. S. 141

Jod 131	8 Tage
Strontium 90	28 Jahre
Caesium 137	30 Jahre (in Tschernobyl)
Plutonium 239	Ca. 24.400 Jahre (in Tschernobyl)

Dokumentation: „Ich bediente den Reaktor"

Die Thematik Tschernobyl ist nach der Katastrophe heftig und ausführlich diskutiert worden. Wie das üblicherweise der Fall ist, überschlagen sich die Dokumentationen, die Diskussionsforen, die Expertenbefragungen und das öffentliche Interesse ist kaum zu sättigen. Jeder will alles wissen, jeder möchte informiert und beraten sein und vor allem will jeder mitreden können und wissen, ob er in Gefahr ist.

Ist dann ein Thema „abgegrast" und genügend Zeit verstrichen, hat sich die Welt meistens anderer, aktuellerer Themen zugewandt, die spektakulärer und öffentlich bedeutsamer erscheinen. Versiegelt und begraben unter einem Sarkophag aus Beton war das Thema Tschernobyl vergessen und erledigt. In regelmäßigen Abständen tauchte der Name mal wieder in den Medien auf, aber man sah die Gefahr als gebannt, von Organisationen wie Greenpeace observiert und durch erprobte Sicherungsmaßnahmen in Schach gehalten. Dass die Halbwertzeit von Plutonium bei 24.400 Jahren liegt und die Angelegenheit weit von vergessen und überstanden ist, wurde dabei geflissentlich übersehen.

Es ist darum auch verständlich, warum das Thema in regelmäßigen Abständen gerne wieder aufgegriffen wird. Vornehmlich dann, wenn sich etwas Ähnliches in der Welt ereignet oder man neue Erkenntnisse oder Einsichten zum Thema hat. Durch spektakuläre Enthüllungen versucht man, den Zuschauer vor den Fernsehschirm zu locken. Hilfreich ist dabei ein Titel, der auf große Enthüllungen hoffen lässt, so zum Beispiel: Ich bediente den Reaktor. Tschernobyl – Überlebende berichten.

Am 28.4.91 wurde in der ARD eine Dokumentation von Radio Bremen aus der Reihe Filmprobe mit genau diesem Titel angekündigt. Weiter war zu lesen: „Film von Jörg Altekruse. (...) Ein ARD-Team befragte Zeugen, die die Katastrophe damals miterlebten." Und neben einem Bild von einem Mann mit einer Fellmütze war Folgendes zu lesen: „Operator Oleg Heinrich hat als Einziger aus der Mannschaft, die im Kontrollraum von Block 4 arbeitete, das Unglück in Tschernobyl überlebt."

Im Wissen, dass die Auflösung der UdSSR und des Sozialismus' den Weg freigemacht hat, hinter die Fassaden der ehemaligen Sowjetunion zu schauen und ebenfalls im Vertrauen darauf, dass die neu gewonnene Redefreiheit der russischen Bevölkerung zu großen Enthüllungen und Geheimnisauflösungen führen kann, bildet der reißerische Titel und die Vorstellung, was sich dahinter verbergen mag, einen starken Anreiz für den weltinteressierten Zuschauer, die Sendung zu schauen.

Der Aufbau (Dokumentationsprotokoll)

Sicherlich ist es immer schwierig, Stimmungen oder Personenbeschreibungen aus einem Film adäquat übermitteln zu wollen. Wie bereits im Titel erwähnt, besteht dieser Dokumentarfilm aus Zeugenaussagen, vielmehr Interviews mit Überlebenden der Katastrophe und deren Schilderungen des Störfalls aus erster Hand. Wichtig für die Objektivität der Berichterstattung ist es natürlich, unterschiedliche Positionen und Bereiche mit einzubeziehen.

Die Personen

- **Oleg Heinrich**: Oleg ist einer der Hauptpersonen in dieser Dokumentation. Er war direkt vor Ort, als sich der Störfall ereignete. Im Verlauf der Doku werden unterschiedliche Bereiche seines Alltags aufgezeigt, seine Familie interviewt und sowohl erstaunliche, als auch erschreckende Einsichten zu Tschernobyl geliefert.

- **Lubakova Levskaya**: Ist ebenfalls eine Hauptperson in der Doku. Sie war in Tschernobyl zuständig für die Werkszeitung und vertraut mit Missständen, Pannen und dem Alltagsleben im Kernkraftwerk. Sie liefert Hintergrundinformationen über die Handhabung des Störfalls an sich und wie der Störfall kurz nach der Katastrophe seitens der Behörden gehandhabt wurde. Außerdem liefert sie persönliche Einsichten in das Leben einer verstrahlten Person.

- **Vladimir Shikanov**: Ist ein starker Befürworter der Kernenergie. Er ist ein Wissenschaftler und war bei den Aufräumungs- und Sicherungsarbeiten vor Ort in Tschernobyl. Er beschreibt, wie diese ausgeführt wurden und seine Rolle dabei aussah.

- **Weitere Interviews**:
  - **Olegs Mutter**, **Vater** und **Frau**
  - **Kinderärztin** (Bekannte von Lubakova Levskaya)
  - **Frau des** mittlerweile verstorbenen **Chefingenieurs** von Tschernobyl
  - **Mütter** von kranken, verstrahlten Kindern
  - **Robert Tillis**, der sich in Moskau um die Tschernobylhilfe kümmert
  - Ehemalige **Liquidatoren**

Eine Dokumentation mit dem Schwerpunkt auf Interviews muss geeignete Hintergrundszenerien liefern, um Stimmungen und Atmosphäre zu schaffen. Außerdem muss zwischen den starren Interviews Bewegung gezeigt werden, damit der Zuschauer nicht durch lange Monologe ermattet. Eine Abfolge von unterschiedlichen Drehorten ist also zwingend, wobei ein Zusammenhang zwischen dem Thema und der redenden Person gezeigt werden soll. Als Beispiel: Die beiden Hauptpersonen werden vorwiegend im Eigenheim interviewt, wohingegen der Wissenschafter in einer eher sterilen Studio-Szenerie gezeigt wird. Ein anderes Beispiel sind die Mütter von kranken Kindern, die im Krankenhaus am Bett ihrer Kinder interviewt werden.

Gezeigte Drehorte: Innenaufnahmen:

Bei Oleg zuhause	Bei Lubikova zuhause	Bei Olegs Eltern zuhause	Studio mit AKW-Bild im Hintergrund	Tillis im Büro. (Dachstuhl)
Moskaus U-Bahn	Kirche	Liquidatoren in einem Saal	Kinder-Krankenhaus	Evakuiertes Haus

Außenaufnahmen:

Friedhof	Auf Moskaus Strassen	Auf Kiews Strassen	Eisfischer auf einem Fluss	Evakuiertes Dorf
Tschernobyl				

Das Wichtigste sind natürlich die besprochen Themen. Am besten lässt sich ein Thema anhand eines Schicksals dokumentieren. Im Verlauf der Dokumentation wird das Alltagsleben von Oleg Heinrich dargestellt, gespickt mit dessen Erlebnissen vor, während und nach der Katastrophe in Tschernobyl. Als Techniker im Kontrollraum war er direkt im Moment des Störfalls vor Ort. Seine Schilderung ist also aus erster Hand, was erstaunlich erscheint, da alle übrigen Kollegen aus seiner Schicht bereits tot sind.

Während man Oleg durch Moskau begleitet, werden Hintergrundinformationen von einem Kommentator eingespielt, die Aufschluss über offene Fragen liefern.

Ergänzend und erweiternd sind die Interviews mit Lubikova Levskaya. Wie bereits erwähnt, war sie für die Werkszeitung in Tschernobyl zuständig und in Pripyat zur Zeit der Katastrophe. Sie liefert detaillierte Einblicke in die Vorgehensweise der Behörden und gibt Aufschluss über den wirklichen Verlauf der Evakuierungs-, Aussiedlungs- und Aufklärungsphasen. Als verstrahlte Person schildert sie die unterschiedlichen Ausprägungen ihrer Krankheit und die ihrer Tochter.

Die Gegenposition, die jedoch im Verlauf des Interviews ein wenig „bröckelt“, ist die des Wissenschaftlers. Seine anfängliche Affinität zum Vorfall lässt den Zuschauer empört den Kopf schütteln. Er erinnert ein wenig an alte Zeiten, in denen die Menschen der Sowjetunion ihre Überlegenheit im Bereich der Technologie durch Errungenschaften der Gemeinschaft anpriesen. Am Ende der vier Einzelinterviews muss er jedoch eingestehen, dass eine Aufklärung der Bevölkerung zu Schutzmassnahmen nicht in ausreichendem Maße stattfand.

Themen, die im Einzelnen angesprochen werden, erstrecken sich über eine große Bandbreite. Es werden die Opfer interviewt, detailliert geschildert, was 1986 wirklich in Tschernobyl geschah (untermalt mit Fotos und Einspielungen), die existierende oder wie beispielsweise die vom Staat fehlende Hilfe für die Opfer aussieht, die Nebenwirkungen, die sich langsam bei den Liquidatoren abzeichnen und letztlich die unglaubliche Beharrlichkeit des Staates, der immer noch starr behauptet, es gäbe keinen Zusammenhang zwischen dem Aufenthalt in Tschernobyl nach und während der Katastrophe und Krankheitssymptomen, erzeugt durch Verstrahlung.

Atmosphäre, Emotion

Zu den eher nüchternen Themen gesellt sich der nicht minder wichtige emotionale Teil. Im Verlauf der einzelnen Schilderungen treten die unterschiedlichsten Emotionsmuster auf. Sie reichen von Hilflosigkeit, Resignation bis hin zu Selbstmordgedanken. Die Spitzen der Emotionsäußerungen sind jedoch Angst und Wut. Angst vor der Zukunft und Wut auf den Staat und dessen Autoritäten und Haltung.

Hoffnung oder Vertrauen ist gänzlich verschwunden. Man klagt aber nur leise für sich selbst, denn ändern wird sich nichts. Das Leben ist ein Martyrium geworden, in der der Tod tatsächlich Erlösung bringt.

Das Neue

Neue Aspekte sind in dieser Dokumentation spärlich zu finden. Nur die Entwicklungen, die sich in den 5 Jahren nach Tschernobyl vollzogen haben, so zum Beispiel die Tschernobylhilfe oder der Anstieg an Leukämiefällen in und um Kiew. Die meisten Aspekte kannte man schon von früheren Reportagen und Veröffentlichungen. Das starke Element in dieser Dokumentation sind eindeutig die Schicksale einzelner Personen des Alltags. Wie wird mit der Verstrahlung im Alltag umgegangen? Was ist für die zukünftigen Generationen zu erwarten, vielmehr, was zeichnet sich für eine Entwicklung anhand der über die letzten 5 Jahre gesammelten Erkenntnisse ab?

Das wirklich einmalige und neue an dieser Dokumentation ist jedoch der Offenlegungsgehalt der interviewten Personen. Was noch vor dem Zerfall der UdSSR undenkbar gewesen wäre, nämlich, dass Sowjetbürger den Staat bezichtigen gelogen, betrogen und wissentlich getötet zu haben, ist wirklich ein Novum.

Stilistische Umsetzung der Dokumentation

Am Auffälligsten beim Betrachten der Dokumentation sind die sehr dicht am Gesicht gehaltenen Kameraeinstellungen während der Interviews. Ist man es gewohnt, bei einem Interview wenigsten den Kopf und den dazugehörenden Oberkörper zu sehen, verhält es sich bei diesem Werk anders. Das Hauptaugenmerk bleibt auf den Augen, hier liegt der Fokus, auf den häufig nah herangezoomt wird. Einmal wird sogar aus einer Pupille herausgezoomt, bis man die Person erkennt. Die Untermalungsmusik ist auch von großer Bedeutung. Am Anfang, beim Einspielen des Titels und des Namens des Regisseurs, spielt ein Klavier eine düstere Melodie. Die Tastenanschläge werden schneller und klingen am Ende der Einspielung und beim Übergang zu Oleg, der auf einem Friedhof steht, wie das Surren eines Geigerzählers. Weitere Auffälligkeiten sind dabei einige stimmungsunterstützende Einstellungen. Beispielsweise wird bei einer Erläuterung des Kommentatoren, wie giftig die Fische, die die Eisfischer aus dem verseuchten Fluss ziehen, eine Nahaufnahme eines langsam verendenden Fisches im Schnee gezeigt. Die Szene dauert einige Sekunden zu lange für Behagen. Eine andere Szene verstärkt eine Aussage des Kommentators. Als dieser darauf hinweist, dass die Kinder, die im Bild gezeigt werden, wie sie fröhlich von der Schule nach Hause gehen, verseuchte Nahrung zu sich nehmen und dass wissentlich Bürokraten „vom Schreibtisch aus töten“, die Kamera von den Kindern weg auf ein Denkmal von Lenin schwenkt. Übliche Elemente wie Schockeffekte (das Zeigen von Olegs verstrahlter Haut),

Empörungsempfinden (aufzeigen von Kinderspielzeug, das als Roboter zweckentfremdet wurde), Mitleidserweckung (zeigen der Kinder, wie sie weltentrückt an die Decke starren) oder Wut (Darstellungen der Haltung der Regierung zu dem Thema Tschernobyl) sind hinreichend in diesem Werk mit eingewoben. Auch fehlen die morbiden Bilder des verlassenen Pripjat und die gespenstisch schön wirkende Winterlandschaft des AKWs nicht, die in Form von Überflugaufnahmen gezeigt werden.

Objektive Berichterstattung oder Sensationshascherei?

Bei einem Thema, das so brisant ist und einzelne Schicksale darstellt, ist es schwierig, ein Maß festzulegen. ab wann eine Berichterstattung zu Sensationshascherei wird. Sicherlich ist zu erwarten, dass von Tod, Leid und Verrat gesprochen wird und es ist ebenfalls zu erwarten, verbitterte Menschen zu sehen, die die Schuld an ihrem Schicksal dem Staat zuschieben, der dies und das nicht getan hat. Es ist hinlänglich bekannt, dass der Sowjetische Staat nicht vorbereitet war auf einen Supergau – aber welche Nation, die AKWs in Betrieb hat, kann das schon behaupten. Eine Katastrophe in diesem Ausmaße ist nicht zu bewältigen und Menschen sterben dabei. Russland ist nach dem Zusammenbruch pleite und für soziale Hilfe fehlt das Geld, auch das ist bekannt, darum wäre es vermessen, die Nase zu rümpfen und mit dem Zeigefinger zu fuchteln. Die Dokumentation liefert sämtliche Daten und das Fehlen eines Regierungsbeauftragten, der vor der Kamera zugibt, dass Fehler gemacht wurden und der Staat pleite ist - weshalb die Tschernobylopfer nicht als Invaliden anerkannt werden – ist überflüssig. Der O-Ton wird auf jeden Fall auch ohne deutlich.

RASPAD – DER ZERFALL

Der Spielfilm RASPAD, was auf Russisch so viel wie Zerfall bedeutet – gemeint ist radioaktiver Zerfall und auch der Zerfall an sich (Regierung) – ein Wortspiel also, wurde 1990 von Vladimir Dall inszeniert. Der Film trägt den Untertitel: Tschernobyl. Wermut, Heilmittel gegen Epilepsie und Schizophrenie. Dieser Satz wird erst verständlich, wenn man weiß, dass Tschernobyl auf Russisch Wermut bedeutet. Der Untertitel kokettiert also mit dem Sarkasmus.

Erstaunlich an diesem Werk ist, dass der Film in Russland gedreht wurde, ausschließlich mit russischen Darstellern und zum Teil dokumentationsähnliche Charakterzüge aufweist. Teilweise ist es sehr schwierig, zwischen Originalbildern und inszenierten zu unterschieden. Auch der sichtliche Aufwand, der mit Komparsen und technischem Material betrieben wurde, erstaunt. Auf dem deutschen Filmcover steht Ökothriller, was dem Film sofort ein bestimmtes Genre aufstempelt. Dies käme in diesem Fall aber einer Fehleinschätzung gleich.

Der Aufbau

Im Vordergrund stehen Einzelschicksale und der unterschiedliche Umgang mit der Katastrophe. Es wird eine kurze Zeitspanne vor dem Unglück gezeigt, in dem das Leben seine geregelten Bahnen nimmt. Dann das Unerwartete. Fassungslosigkeit, Hilflosigkeit, gemischt mit Heldentum, Aufopferung und Bürokratie. Die Katastrophe wird detailliert gezeigt und auch der Kampf gegen die Windmühlen. Das Herauszögern der Informations- und Aufklärungsmaßnahmen durch die Staatsautorität wird gezeigt sowie die verzögerte Evakuierung der Stadt Pripjat und die damit verbundene Versiegelung der Ortschaft mit einer 30 Kilometer-Sperrzone um das AKW. Auch der langsame Weg bis die Information dann endlich in Kiew eintraf, wird beschrieben, die Panik, die ausgelöst wurde und das Vertuschen durch die Regierung. Die Presse wird mundtot gemacht und obwohl man es sich kaum vorstellen kann, kehrt nach wenigen Tagen wieder so etwas wie Normalität ein. Morbide aber wahr, ergeben sich die Einwohner der verseuchten Gebiete ihrem Schicksal, denn schließlich war das Leben vor Tschernobyl schlimm und da die Aufklärung über die Schäden durch die Strahlung nicht verstanden oder nur unzureichend verbreitet werden und die meisten Bürger sowieso nirgendwo anders hingehen können, betrinken sie sich und nehmen ihr Armageddon an.

- Die Hauptperson des Films ist der Journalist **Alexander Schurawljow**. Als Intellektueller gibt er sich nicht mit dem zufrieden, was der Staat ihm an Informationsbrocken hinwirft. Er will hinter die Fassade schauen, denn er hat das System an sich durchschaut. Er stellt sich der Herausforderung, der Katastrophe auf den Grund zu gehen, um letztlich an sich selbst zu scheitern und an der Unzulänglichkeit des Systems.

- **Lyudmila Schurawljowa,** die Frau von Alexander betrügt ihren Mann mit einem Mann aus dem System, der sie mit Insiderwissen füttert. Sie ist wesentlich jünger als Alexander und teilweise verblendet durch die Vorstellung, sie gehöre durch die Heirat mit einem Intellektuellen zu den Privilegierten und zum System an sich, das seine Kinder schützt. Sie muss im Verlauf des Films erkennen, dass sie im gleichen Boot wie alle anderen sitzt und ihr das Wasser bis zum Hals steht.

- Der **Vater** von Alexander. Er verkörpert das alte Russland. Er war Denunziant und hat Menschen ans Messer geliefert. Er gehört mehr zum System als alle anderen Personen. Er ist das System. Ein Heuchler, der zwar das Land nach außen preist, sich aber wünscht, er wäre im Land seiner Vorväter, nämlich in Griechenland.

- **Anatolij Stepanitsch,** auch Tolia im Film genannt, ist ein Arzt, der fest an die Menschen der Sowjetunion glaubt. Er kennt das System und lebt in Eintracht damit, bis er erkennt, dass, obwohl es im Sozialismus keine Schichten gibt, die einflussreichen Politmitglieder und deren Familien sich in Sicherheit bringen, während das „gemeine Volk" fürs Vaterland stirbt. Als Mediziner verkörpert er die Helden, die trotz Wissen um die Gefahr, derer sie sich aussetzen, vor Ort bleiben und helfen.

- **Lubya und ihr Mann.** Sie sind Jugendliche, die gerade einen Tag nach der Katastrophe heiraten, während die Aufräumtrupps mit Geigerzählern durch die Strassen von Pripjat streifen. Sie verkörpern die Unschuld der Jugend, naiv im Glauben, dass ihr Leben beschützt wird und groteskerweise in Wahrheit entbehrlich sind. Sie sind das Zeichen von Hoffnung, das schnell und qualvoll stirbt.

- **Schurik**. Er ist der Insider. Er gehört zum Establishment und wird informiert. Er will die junge Familie von Alexander übernehmen und schafft es fast mit dem Element der Privilegiengewährung. Das, was sich Alexander am meisten wünscht, nämlich der Wahrheit nachzugehen, kann er verwirklichen. Der Preis dafür ist seine Familie.

- **Ignatij**, **Maria** und **Kolja** sind der Archetyp einer russischen Familie. Er arbeitet im Kernkraftwerk und stirbt in den ersten Stunden der Katastrophe, Maria, seine Frau, wird von den Behörden bei der Evakuierung übersehen, sie stirbt wenig später. Und Kolja, der kleine Sohn, wartet vor der Haustür in Pripjat auf die Wiederkehr seiner Eltern, wie es ein pflichtbewusster Junge tut. Er verendet ganz kläglich.

Drehorte

Der Film beschränkt sich hauptsächlich auf einen Radius von 105 Kilometer um die Unfallstelle. Gemeint ist Pripjat und Kiew. In Kiew befinden sich Alexander, seine Frau und Vater und Schurik. In Pripjat hingegen sind die restlichen Personen zu finden. Lubya und ihr Mann reisen auf einem Motorrad durch die Gegend, eine Art Honey Moon, bis die Katastrophe sie endgültig in einer Ortschaft 18 km vom AKW entfernt einholt.

Bei den Drehorten wurden keine Mühen und Kosten gescheut. Es gibt Szenen am Bahnhof von Kiew, in der Menschenmassen in Panik versuchen Reisekarten zu erhalten. Es wird die Evakuierung von Pripjat gezeigt, mit riesigen Kolonnen von Bussen, die sich durch die Landschaft ihren Weg bahnen. Es gibt den Drehort Tschernobyl, als die ersten Sicherungstrupps in das Werk geschickt wurden, um eine Landesflagge in der Nähe des Turms zu hissen.

 Wie bereits erwähnt ist es teilweise sehr schwierig zu unterscheiden, was Studioaufnahmen sind und was echte Aufnahmen sein könnten. Hier liegt auch die Faszination an diesem Film.

Die Geschichte im Schnelldurchlauf

Kiew: Alexander kehrt von einer Reise aus Griechenland nach Hause zurück. Er veranstaltet eine Feier, um seinen Freunden die Bilder, die er vor Ort gemacht hat zu zeigen. Dabei kommt die Sprache auf Heimaterde, die er seinem Vater mitbringen sollte. Alexander hat es vergessen und schämt sich deswegen. Einer im Raum sagt, „bring ihm unsere Erde, die ist genauso gut!“. Alexander erfährt auf Umwegen, dass seine Frau ihn während seiner Abwesenheit mit einem alten Schulfreund betrogen hat. Er fühlt sich wie ein „gehörnter“ Ehemann. Die einzige Freude, die er hat, ist die Vorstellung, am Wochenende seinen alten Klassenkameraden zu sehen, um mit ihm die Bilder seiner Reise zu schauen.

Pripjat: Anatolij Stepanitsch wird von Alexander angerufen und bestätigt das Treffen. Tolia, wie er auch genannt wird, ist Arzt und kommt per Zufall am brennenden AKW vorbei, weil er aus Neugier einigen Löschzügen hinterherfährt. Er versucht, so viele Menschen wie möglich zu retten, vergeblich. Ihm ist sofort klar, dass die Bevölkerung evakuiert werden muss. Am nächsten Tag, nachdem er seinen besten Freund begraben hat, versucht er, die Menschen von Pripjat von den Strassen zu bekommen und sich in ihren eigenen vier Wänden vor der Strahlung zu schützen. Er wird dabei von Parteifunktionären behindert, die Bescheid wissen aber keine Panik verursachen wollen. Durch die Verstrahlung geschwächt, gibt er letztlich auf.

Ein Wechsel der Handlungspersonen findet statt, es wird das junge Paar gezeigt, das gerade geheiratet hat und Pripjat auf einem Motorrad verlässt. Am Straßenrand stehen Männer in Schutzanzügen mit Geigerzählern in der Hand.

Pripjat wird evakuiert. Haus für Haus steigen die Menschen seelenruhig in den für ihr Haus zugedachten Bus. Dass Menschen mit Schutzanzügen an ihnen vorbeigehen, beunruhigt nur die wenigsten. Eine lange Kolonne von Bussen verlässt die AKW-Stadt.

Kiew: Alexanders Frau erfährt von ihrem Hausfreund, was geschehen ist. Sie gibt es weiter an ihren Mann aber der ist so zornig über die Schmach des gehörnten Ehemanns, dass er wutentbrannt in seine Redaktion geht. Der Chefredakteur tut so, als wüsste er von nichts, erst als Alexander insistiert, erfährt er, dass Order aus Moskau gekommen ist, nichts über den Vorfall zu berichten.

Flughafen in der Nähe von Pripjat: Tolia begleitet einige Schwerkranke an Bord eines Flugzeugs. Er wird Zeuge, wie Männer in Limousinen Kinder und Frauen auf der Rollbahn absetzen. Tolia gerät außer sich, weil er erkennt, dass die Politiker Bescheid wissen und ihre Angehörigen in Sicherheit bringen, während die übrige Bevölkerung dem Tod überlassen wird. Er wird mundtot gemacht.

Kiew: Bei einem Pressetermin erfährt Alexander, dass niemand etwas über die Katastrophe erfahren soll. Es soll angeblich alles harmlos sein. Alexander ist fassungslos und versucht, mehr zu erfahren. Vergeblich.

Sammelpunkt der Menschen aus Pripjat: Grausame Szenen spielen sich ab. Die Menschen werden in einem Waldstück untersucht und schwangeren Frauen werden die Föten prophylaktisch entfernt.

Kiew: Alexander versucht auf Flehen seiner Frau einen Weg aus dem Gefahrengebiet zu organisieren. Es zieht ihn an den Bahnhof. Hier herrscht bereits ein reger Kampf um Fahrkarten. Panik bricht aus und Gerüchte werden weitergegeben. Szenen spielen sich ab, die man sich kaum vorstellen kann. Von Solidarität kann keine Rede sein.

Im Wald um Pripjat: Das junge Paar versucht, in den einsamen Wäldern ihren Honey Moon zu genießen. Die jungen Leute trinken Wasser aus der Natur und wissen von nichts. Nur ein toter Storch lässt den Zuschauer ahnen, wie weit es bereits fortgeschritten ist. Plötzlich tauchen Männer in Schutzanzügen auf und das junge Paar flieht, bis es unterwegs aufgeklärt wird und versucht, zum nächsten Sammelpunkt zu gelangen. Am Sammelpunkt ist die Hölle los, Armee und Zivilisten rennen wild durcheinander. In einer Kirche findet ein Gottesdienst zum Osterfest statt, dieser wird unwirsch von Männer in Schutzanzügen beendet, die alles in der Kirche in Folie einpacken. Das junge Paar weiß, dass das Ende naht und die letzte Einstellung zeigt, wie beide in der Kirche auf dem Boden knien.

Kiew: Feier bei Alexander und seiner Frau zum Osterfest. Schurik ist auch eingeladen. Er gibt die neuesten Informationen heraus und macht alle verrückt. Alexander übergibt im Verlauf des Abends seine Familie in die Hände von Schurik, der sie am nächsten Tag in Sicherheit bringen soll. Dafür will Alexander jedoch eine Gegenleistung, nämlich einen Pass für die verbotene Zone. Schurik willigt ein und Alexander macht sich per Hubschrauber auf den Weg nach Tschernobyl.

Die Landschaft ist wie ausgestorben und eine makabere Ruhe hat sich über das Land gelegt. Lange und detaillierte Bildaufnahmen der Umgebung des AKWs werden gezeigt.

Dann kommt eine Einweisung der Männer, die in einem Umkleideraum spärliche Schutzkleidung anziehen, bestehend aus ein paar Bleischürzen und einer Gasmaske. Sie sollen binnen von 1 ½ Minuten auf das Dach des Reaktors 3 kommen und wieder zurück. Was genau sie da tun sollen, bleibt erst einmal im Dunkeln. Sie machen sich auf den Weg durch ein völlig in Schutt liegendes Gebäude. Nach 1 ½ Minuten sind sie noch immer nicht beim Dach angekommen und sollten doch eigentlich schon wieder in Sicherheit sein. Nach 3 Minuten stehen sie auf dem Dach und hissen die russische Fahne. Bilder für die Nachwelt werden gemacht. Egal, dass bereits 5 Minuten vergangen sind. Bilder wie auf der Kirmes, wo man seinen Kopf durch eine Schablone steckt und komische Gesichter zieht, werden gemacht. Der Irrsinn ist vom Wahnsinn befallen.

Kiew: Durch diese spektakuläre Aktion ist Alexander zum Chefredakteur geworden. Er ist von dem System, das er auffliegen lassen wollte, gefressen worden. Er ist korrumpiert worden und hat auch seine Familie zurück, da diese sowieso nirgendwo hin konnte als zurück. Am Ende werden wieder Dias gezeigt, diesmal von Alexander, wie er auf dem Dach des Reaktors steht.

Die Effekte, die Botschaften und versteckter Symbolismus

Effekte: Wie bereits erwähnt sind die Effekte in diesem Film sehr realistisch angelegt. Der Verlauf ist akribisch genau dargestellt und man hat unweigerlich das Gefühl, Einzelschicksale in Tagebuchform serviert zu bekommen. Unnötige Sensationseffekte à la Hollywood werden weggelassen und wären in diesem Film auch fehl am Platz. So wird nicht gezeigt, wie das AKW explodiert und auch nicht, wie die Menschen durch die Strahlung dahingerafft werden. Kernelemente, die gut herausgestellt worden sind: Angst, Panik, Resignation, Massenhysterie und kollektive Verdrängung.

Botschaften: In Bezug auf Botschaften sind die elementaren Aspekte bereits herausgestellt worden. Es geht um das Belügen der Öffentlichkeit durch den Staat, die Ausweglosigkeit einer Gesellschaft, die am Rande der Existenz kauert, um Einzelschicksale, die zu kollektiven Schicksalen werden, und es geht um den Segen, nicht alles zu wissen.

Symbolismus: Einige Elemente sind in diesem Werk versteckt. Beispielsweise das Radrennen, das in fast jeder Szene im Fernsehen läuft. Es soll das Leben darstellen. Ein Anfang, ein Ziel und dazwischen schweißtreibende Arbeit, ohne Aussicht auf Erholung. Am Anfang wird der Titel Raspad – der Zerfall – noch näher dargestellt durch mehrere Elemente. Zum einen die falschen Zähne des alten Mannes, der Alexander im Zug begegnet, zum anderen die Zuggleise, die plötzlich fehlen und ein Weiterreisen unmöglich macht. Raspad ist ein Synonym für den Zerfall der UdSSR, für Perestroika und Glasnost.

Die Büste von Lenin spielt in diesem Film auch eine große Rolle. Zuerst taucht sie beim Unfall auf. Man sieht den Kopf von Lenin im Schmutz und Feuer liegen. Später bei den Untersuchungen im Wald sieht man Lenins Kopf eingewickelt in Plastikfolie und während der Pressekonferenz ist eine Büste

Lenins direkt hinter den Rednern. Lenin war der Name des AKWs in Tschernobyl, die Symbolik ist unverkennbar.

Verdeutlichende Dialoge

Hier sind zwei Dialoge aus dem Film, die für sich selbst sprechen.

Ein Dialog zwischen einem Sanitäter und dem Werksleiter:

- **Sani**: Der Reaktor ist explodiert, wir müssen sofort die Leute evakuieren

- **Werksleiter**: Da brennt nur die Konstruktion. Wasser in den Reaktor.

- **Werksleiter**: Strahlung?

- **Sani**: 1000 Mikro Curie pro sek.

- **Werksleiter** sieht das Brennen: Sofort die Messgeräte überprüfen!

- **Sani**: Sind in Ordnung aber da ist Graphit auf dem Boden.

- **Werksleiter**: Was für Graphit?

- Feuerwehrmann kommt angerannt

- **Feuerwehrmann**: Den Leuten wird schlecht. Sie verlieren das Bewusstsein. Kann es sein, dass hier Strahlen austreten?

- **Werksleiter**: Es gibt hier keine Strahlung. Der Reaktor ist in Takt. (Sichtlich nervös an der Krawatte zupfend)

Tolia und sein sterbender Freund **Ignatij**:

- **Tolia**: Was ist, Ignatij?

- **Ignatij**: Tolia, ich bin verbrannt, wie von der Sonne. Ich bin verbrannt, innen und außen, ich verbrenne........

Gegenüberstellung von Dokumentation und Spielfilm

Wie wird die Thematik aufbereitet?

Da es sich bei dem Spielfilm um die Schilderung eines realen Vorfalls handelt, sind die einzelnen Gegebenheiten eher dokumentarischer Natur und weniger fiktiv erscheinend. Katastrophen-Abbildungen im Spielfilm gibt es zahlreiche. Jede nur erdenkliche Form der Katastrophe, ob natürlicher Art oder vom Menschen herbeigeführt, ist gezeigt worden und jedes Mal erschüttert es den Zuschauer bis ins Mark. Das Thema Verstrahlung und Atomkatastrophe wird jedoch weniger häufig gewählt, weil es zu den Tabuthemen unserer Zeit wurde und das nicht zuletzt durch Tschernobyl. Filme wie: The day After, the China Syndrom oder Silkwood sollen über alle Massen schockieren und werden häufig zu erzieherischen Zwecken genutzt. Die Art, wie Vladimir Dall diese Thematik umgesetzt hat, ist recht konventionell. Er wählte eine Rahmengeschichte – die von Alexander – und flicht diese in das Szenario mit ein. Dass er Journalist ist und eigentlich zum Establishment gehört, ist hilfreich, denn es zeigt auf, dass bei so einer Katastrophe alle gleich behandelt werden und alle aus der gleichen verseuchten Brühe trinken.

Die Dokumentation tut ein selbiges, auch hier werden Einzelschicksale vorgestellt und nicht minder spektakulär. Oleg war immerhin direkt vor Ort, im Kontrollraum, als sich die Katastrophe ereignete. Er sah seine Freunde und Kollegen sterben, während der Katastrophe und danach, denn er ist der einzige, der überlebt hat.

Gibt es Gegensätzlichkeiten, Parallelen?

Gegensätze gibt es eigentlich wenige, im Wesentlichen unterscheiden sich die beiden Werke in der Ausführlichkeit. Die Dokumentation verfolgt ein bestimmtes Ziel, nämlich in 45 Minuten so viele Bereiche der Thematik Tschernobyl anzusprechen, wie möglich. Der Spielfilm hat dafür 110 Minuten Zeit. Die Dokumentation möchte zwar durch Sachlichkeit verhindern, dass die Sendung zu einer Anhäufung von Gefühlsausbrüchen wird, aber eine gewisse emotional aufgeladene Spannung soll schon übertragen werden. Der Spielfilm hingegen spielt mit starken Emotionen, es ist eine Art Achterbahn. Dies wird erreicht durch das ständige Wechseln auf unterschiedliche Charaktere und deren Untergang durch die Katastrophe. Hier ist auch die Parallele zu der Dokumentation zu finden. Einzelschicksale.

Was beide Filme gemeinsam haben ist, dass niemand, der auf Verwaltungsebene für diesen Fall zuständig war und ist, vor die Kamera tritt. Sicherlich verständlich, weil er sonst gelyncht werden würde, aber die Seite der Regierung ist doch teilweise sehr gering beteiligt.

Anklagen?

Anklagen sind in beiden Werken zu Hauf zu finden und es gibt auch in beiden Werken nur einen Schuldigen – und das ist der Staat. Da der Staat aber eine Institution des Kollektivs ist, haben somit auch alle Menschen, die in diesem Kollektiv leben, eine Mitschuld. In beiden Werken wird der Staat bezichtigt, unverantwortlich gehandelt zu haben und in beiden Werken gibt es eine Person, die auf den Punkt bringt, dass andersherum der Staat gewählt wird und wir als Wähler Mitschuld tragen. Im Fall der Dokumentation ist es die Frau des verstorbenen Chefingenieurs, die Folgendes im Interview sagt: „Wir leben in der kollektiven Verantwortungslosigkeit (darum fühlt sich niemand schuldig)". Im Spielfilm übernimmt diese Rolle Alexander, der bei der Osterfeier im betrunkenen Zustand im Dialog mit Schurik Folgendes sagt:

- **Beisteher**: Wir werden sterben, wie es sich geziemt für Gebildete, wir bieten der Welt Kurse an, „Der sowjetische Tod", Abschluss mit einem Diplom

- **Alexander** an **Schurik**: Was sollen wir machen mit diesen Menschen, die diese Sache angerichtet haben?

- **Schurik**: Alle erschießen

- **Beisteher**: Heute erschießt man niemanden mehr, man verbannt sie in die Uranbergwerke

- **Anderer Beisteher**: Ihre Strafe kriegen sie auch hier, direkt vor unserer Nase

- **Alexander**: Erschossen gehören alle, ich auch

- **Beisteher**: Wieso du?

- **Alexander**: Wir alle, wir alle haben uns schuldig gemacht, wie hätte es denn sonst zu dieser Scheiße kommen können? Der Sohn verkauft seinen Vater. Ein Idiot zu sein ist die beste Voraussetzung, um erfolgreich zu sein. Es ist das Ende. Da muss man etwas tun

- **Schurik**: Da muss man nichts tun, alles geht vorbei, auch das

In diesen beiden Werken ist die Sachlichkeit nicht vom Emotionalen zu trennen. Der Störfall in Tschernobyl ist eine Katastrophe mit Ausmaßen, die noch nicht abzusehen sind und Generationen andauern wird. Menschen haben ihre Heimat verloren, Angehörige, Partner. Sie werden von der Regierung nicht unterstützt, ja nicht mal als geschädigt anerkannt. Wenn diese Aspekte nicht Anlass genug sind, mit Wut, Verzweiflung, Resignation und Todessehnsucht zu antworten, was muss dann noch passieren? Hilflosigkeit ist in beiden Werken zu spüren und auch das Gefühl, die Zukunft sei verloren und liege mit Leukämie im Totenbett.

In diesem Fall versuchen zu wollen, sachlich zu dokumentieren, scheitert bereits an der Auswahl des Themas.

Fazit

Beim Recherchieren für diese Arbeit ist mir persönlich aufgefallen, dass das Thema Tschernobyl für die meisten Menschen in Vergessenheit geraten ist. Der Name Tschernobyl steht für den Super-Gau aber es wird so getan, als sei die Sache überstanden. Hiroshima ist Geschichte, das Muroa Atoll weit entfernt und unbesiedelt und der kalte Krieg ist vorbei und damit auch die atomare Bedrohung. Neuerliche Ereignisse, wie das Atomprogramm der Nord-Koreaner oder die Gefahr, die im Irak vermutet wird, sind gegenwärtiger. Daraus gelernt hat man nichts, denn noch immer gibt es so viele AKWs, vor allem solche, die saniert werden müssten in der Welt, dass es eigentlich verwunderlich ist, dass es bisher nur einen Gau gegeben hat

Oleg Heinrich ist mir bei dem Recherchieren dieser Arbeit nicht erst bei der Dokumentation über den Weg gelaufen. In dem Buch von V.M. Chernousenko berichtet er wesentlich detaillierter, was sich im Kontrollraum abgespielt hat. Unklar ist jedoch, an welchem Werk Oleg zuerst beteiligt war, aber ich vermute, er gilt in seinem Land als Galionsfigur und wird darum auch von den Behörden als einziger als Invalide anerkannt und ärztlich betreut.

Zum Spielfilm RASPAD sei abschließend gesagt, dass ich persönlich sehr überrascht war, wie detailgetreu die Thematik umgesetzt worden ist und dass die Regierung diesen Film zugelassen hat. Er ist sehr sehenswert und überhaupt nicht, wie man sich einen Ökothriller vorstellt. Aus meiner Sicht ist diese Betitelung eher falsch gewählt.

Das Thema Tschernobyl ist weit davon entfernt, abgeschlossen zu sein. In den Köpfen der Menschen hingegen scheinbar längst ausradiert. 24.000 Jahre Bestand – in 5 Jahren vergessen.

Literaturverzeichnis

(Stand der Sites, alle vom 16/17.10.2002)

Beilageheft zum Film: RASPAD – DER ZERFALL

Biermann, Gerd und Renate: Die Kinder von Tschernobyl. München 1993

Chernousenko, V.M.: Chernobyl – Insight from the Inside. Berlin 1991

Kröger, W. und Chakraborty, S: Tschernobyl und weltweite Konsequenzen. Köln 1989

Schneider, Dierk: Nach Tschernobyl; Hoffnung auf ein neues Menschenbild. Stuttgart 1988

Wirth, Hans-Jürgen: Nach Tschernobyl; Regiert wieder das Vergessen? Frankfurt am Main 1989

http://www.greenpeace.de/GP_DOK_3P/HINTERGR/C02HI02.HTM

http://www.mythen-post.ch/datei_mp_9_95/tschernobyl_mp_9_95.htm

http://www.vorarlberg.gruene.at/aktuell/2002/0425atom.htm

Die Anti-Atomkraft-Interessenvertretung nach Tschernobyl und Fukushima im Vergleich

Jana Wagner, 2011

Einleitung

In der wissenschaftlichen Literatur wird eine Entwicklung der Umweltinteressenvertretung in den letzten Jahrzehnten von Protest hin zum Lobbyismus beschrieben (vgl. Rootes 2002: 51; Rootes 2007a: xif.; Rootes 2007c: 235; Rootes 2007b: 3; Rucht/Roose 2007: 80). In der vorliegenden Arbeit soll diese These auf ihre Gültigkeit hin für die Anti-Atomkraft-Interessensvetretung untersucht werden, da sich diese nicht ohne Weiteres in die allgemeine Umweltbewegung – hier verstanden als Individuen, Gruppen und Organisationen, die sich dem netzwerkartigen Zusammenhang der Bewegung zuordnen – einsortieren lässt. Die Anti-Atomkraft-Bewegung ist trotz vieler Überschneidungen von der allgemeinen Umweltbewegung durch ihre häufig unabhängige Organisation abgrenzbar. Zwar wird das Thema Atomenergie auch von breitgefächert aktiven Umweltorganisationen behandelt, viele Aktivitäten werden allerdings von spezifischen, atomkraftkritischen Organisationen und Zusammenschlüssen getragen, die darüber hinaus nicht für den Umweltschutz arbeiten (vgl. Rucht 2008: 246f.; Brand/Stöver 2008: 220). Es erscheint deshalb durchaus möglich, dass die beobachtete Entwicklung nicht bzw. lediglich in geringem Umfang für die Anti-Atomkraftbewegung mit ihrer protestbetonten Geschichte zu bestätigen ist (vgl. Radkau 2011: 368-371).

Um dies herauszufinden, wurden zwei vergleichbar erscheinende Zeiträume zur näheren Betrachtung gewählt: das Jahr 1986 ab dem Nuklearunfall im Kernkraftwerk Tschernobyl am 26. April und das Jahr 2011 ab dem Unfall im Kraftwerk Fukushima I, der am 11. März begann. Der Vergleichbarkeit wegen wird der Zeitraum nach dem Unglück von Tschernobyl auf die gleiche Anzahl an Tagen begrenzt, die zwischen der Katastrophe von Fukushima und dem Verfassen dieser Arbeit liegen, was konkret die Zeitspannen vom 26. April 1986 bis zum 5. Januar 1987 sowie vom 11. März bis zum 28. November 2011 bedeutet. Gewählt wurden diese, da es sich naheliegenderweise um besonders aktive Phasen der Anti-Atomkraft-Interessenvertretung handelt und ein Vergleich aufgrund der Ähnlichkeit der Situationen besonders gut möglich ist. Mit dieser Auswahl ist es unwahrscheinlich, zufälligerweise Phasen geringer Aktivität zu erwischen.

Umweltinteressenvertretung kann von unterschiedlichen Akteuren betrieben werden. Es soll hier sowohl auf Individuen und lose Gruppen als auch auf mit allgemeinen Umweltbelangen Betraute, wie auf speziell atomkritische Organisationen, eingegangen werden. Des Weiteren werden auch Unternehmen in den Blick genommen, die eine eventuell atomkritische Interessensvertretung betreiben. Hierbei ist an alternative Energieunternehmen und deren verbandliche Vertreter zu denken.

In einem ersten Schritt soll nun auf die eingangs angesprochene, in der Literatur beschriebene Entwicklung der Umweltinteressenvertretung genauer eingegangen sowie geklärt werden, was genau unter den für die Fragestellung zentral verwendeten Begriffen verstanden werden soll. Hierauf aufbauend wird dann die Anti-Atomkraft-Interessenvertretung nach dem Reaktorunfall in Tschernobyl mit jener in der Zeit nach der Katastrophe in Fukushima verglichen. Für den Vergleich der Protestaktivitäten wird die Berichterstattung aus Spiegel und der Tageszeitung (Taz) in den jeweiligen Zeiträumen ausgewertet. Bezüglich lobbyistischer Tätigkeiten steht eine Untersuchung der Verbandszugehörigkeit der Abgeordneten des Bundestages im Mittelpunkt. Schließlich werden die zentralen Ergebnisse zusammengefasst.

Umweltinteressenvertretung

Hier soll nun zuerst der Forschungsstand zur Entwicklung der Umweltinteressenvertetung, das heißt also die zu untersuchende These, dargestellt werden, wobei auch speziell auf die Anti-Atomkraft-Bewegung eingegangen wird. Dabei wird auch geklärt, was unter dem Begriff der Interessensvertretung allgemein im politikwissenschaftlichen Gebrauch zu verstehen ist. In einem zweiten Schritt wird näher auf die zentralen Begriffe Protest und Lobbying eingegangen.

Die Entwicklung der Umweltinteressenvertretung

Zunächst muss klar sein, was unter dem Begriff des Interesses in seiner wissenschaftlichen Verwendung verstanden werden soll: In der Politikwissenschaft kann der Interessensbegriff in drei Dimensionen zerlegt werden, nämlich wird das individuelle Interesse um einen materiellen und einen ideellen Aspekt ergänzt. Die individuelle Dimension bedeutet das Streben des Einzelnen nach Bedürfniserfüllung, womit der hier verwendeten Definition nach physische Grundbedürfnisse gemeint sind. Auf andere Personen bezieht sich das Interesse dann, wenn diese zur Befriedigung der eigenen Bedürfnisse gebraucht werden. Beim materiellen Aspekt handelt es sich hingegen um materielle Nutzenvermehrung über das essentiell Notwendige hinaus. Die Interaktion mit anderen ist auch hier konkret zielorientiert. Anders verhält es sich beim ideellen Aspekt. Dabei geht es um weltanschauliche Vorstellungen, die weder materialistisch sind, noch unmittelbar mit überlebenssichernden Bedürfnissen im Zusammenhang stehen (vgl. Sebaldt/Straßner 2004: 18). Hierbei wird deutlich, dass Umweltinteressen politikwissenschaftlich entgegen der Art, wie das Wort umgangssprachlich bisweilen gebraucht wird, sehr wohl als Interessen zu verstehen sind, auch wenn es sich selten um „egoistische" Ziele des für sie eintretenden Menschen handelt. Es handelt sich dabei weitgehend um ein ideeles Interesse.

Dieses Interesse kann nun auf verschiedene Weise durchzusetzen versucht werden. Neben Individuen können dies Interessensgruppen versuchen, welche als Organisationen begriffen werden, die ihre Interessen gegenüber anderen Partikularinteressen durchzusetzen versuchen und auf politische Institutionen sowie die Öffentlichkeit einwirken, um ihr Interesse durchzusetzen (vgl. Massing 1996: 289). Der Begriff Verband ist eine Spezifizierung hiervon und weist auf eine feste und längerfristige organisatorische Struktur hin (vgl. Sebaldt/Straßner 2004: 23).

Die Umweltinteressenvertretung dient in der politikwissenschaftlichen Literatur als Beispiel eines nach Offe eigentlich schwachen Interesses, das im Laufe der letzten Jahrzehnte an Durchsetzungskraft zugelegt hat. Als schwache Interessen werden solche bezeichnet, die „über wenige Ressourcen verfügen und aus strukturellen Gründen politisch schwer organisierbar sind". Darunter fallen neben dem Umweltinteresse auch die Interessen materiell armer Gruppen oder Patienten- und Konsumenteninteressen (vgl. Clement et al. 2010: 7).

Die Entwicklung dieser Interessenvertretung wird zum einen als eine Veränderung der Vorgehensweisen selbst beschrieben, zum anderen hat eine Verschiebung des Gewichtes der Akteure stattgefunden bzw. es haben neue Akteure die Bühne betreten. Klassischerweise ist der Protest *die* Handlungsform in der Umweltbewegung. In den 70er und 80er Jahren war die Auseinandersetzung der Umweltbewegung mit Staat und Wirtschaft von einer Frontstellung mit unversöhnlichen Standpunkten geprägt. Diese Umstände änderten sich Ende der 80er und werden unter anderem auch Tschernobyl zugeschrieben, da die Existenz von Gefahren in den noch vom Schock geprägten, darauffolgenden Jahren kaum mehr geleugnet werden konnte. Es kamen immer mehr umweltpolitische Ideen auf, die Wirtschafts- und Umweltinteressen zu versöhnen suchten. So hat ein kooperatives Vorgehen mit der Zeit für die Umweltorganisationen an Bedeutung gewonnen. In den 90er Jahren kam es dann in den meisten Umweltorganisationen zur Akzeptanz und Anwendung von Lobbying und allgemein der Kooperation und der Kompromisse (vgl. Roose 2003: 241-243). Diese Entwicklung entspricht der allgemeinen Tendenz zu mehr Lobbying als Mittel der Interessenvertretung. Bei den Umweltverbänden ist allerdings sogar ein, verglichen mit den sonstigen Verbänden, überdurchschnittliches Wachstum des Lobbyings zu bemerken. Martin Sebaldt kommt bei einer Auswertung der in den deutschen Lobbylisten geführten Verbänden bei einer generellen mehr als Verdopplung der Anzahl der aufgeführten Organisationen zwischen 1975 und 1995 auf eine Steigerung des Anteils der Umweltgruppierungen gemessen an der Gesamtzahl aller Verbände zum jeweiligen Zeitpunkt von 1,4 auf 2,8 Prozent (vgl. Sebaldt 2007: 94,96).

Auch gehören die Umweltverbände an sich zu denjenigen Verbänden, die seit den 70er Jahren überdurchschnittlich gewachsen sind, was u.a. mit dem gesellschaftlichen Wertewandel erklärt werden kann (vgl. Sebaldt/Straßner 2004: 95). Vor allem die großen Umweltverbände wie der Bund für Umwelt und Naturschutz (BUND), der Naturschutzbund Deutschland (NABU), Greenpeace Deutschland und die deutsche Sektion des World Wide Fund For Nature (WWF) konnten im Zeitraum zwischen den beiden hier untersuchten Ereignissen deutlich an Mitgliedern bzw. Förderern zulegen, was ein Mehr an finanziellen Ressourcen bedeutet und so die Einstellung von neuen hauptamtlichen Mitarbeitern erlaubt hat (vgl. Amm 2007: 382; Roose 2003: 240f.). Diese Entwicklung hat zu einer Professionalisierung der Umweltverbände geführt, was zum Beispiel eine stärkere Konzentrierung auf das Lobbying ermöglicht – und in der Praxis auch bedeutet – und dem Protest als traditionell wichtigster Handlungsform den Platz streitig macht (vgl. Amm 2007: 367, 380; Leif/Speth 2003: 23). Es ist bei den Umweltverbänden eine Tendenz hin zum „Modell einer modernen professionellen Interessenvertretung, das sich von Konzeptionen wie Basisdemokratie, soziale Identifikation, Ganzheitlichkeit und Gesellschaftstransformation, die die Vorstellungswelt der Bewegungsaktivisten der 1970er Jahre prägten, diametral unterscheidet" (Amm 2007: 386) festzustellen.

Von Wichtigkeit für die Professionalisierung der Umweltinteressenvetretung ist auch das Entstehen der wissenschaftlichen Umweltinstitute, die Expertenwissen bereitstellen können (vgl. Leif/Speth 2003: 23). Eventuell gibt es darüber hinaus auch im Umweltbereich die allgemein festgestellte Tendenz einer zunehmenden Konkurrenz für die Verbände vonseiten von Public-Affairs-Agenturen, Unternehmen und Lobbyismusagenturen (vgl. Winter/Willems 2009: 16f.).

Die Umweltinteressenvertretung soll für diese Arbeit als Interessenvertretung sowohl von Verbänden als auch vonseiten nicht oder nicht dauerhaft organisierter Bürger, die Teil der Umweltbewegung sind, verstanden werden. Dass beides ineinanderübergeht, liegt dabei auf der Hand. Die fünf größten deutschen Umweltverbände sind der Deutsche Naturschutzring (DNR), der Bund für Umwelt und Naturschutz (BUND), Greenpeace Deutschland, der Naturschutzbund Deutschland (NABU) und der World Wide Fund for Nature Deutschland (WWF) (vgl. Amm 2007: 369). Durch besonders angestrebte Basisnähe zeichnen sich Robin Wood und der Bundesverband Bürgerinitiativen Umweltschutz (BBU) (vgl. Amm 2007: 370).

Generell ist eine Netzwerkstruktur typisch für die Anti-Atomkraft-Bewegung, in der Bürgerinitiativen traditionell eine große Rolle spielen. Zusammengeschlossen sind einige von ihnen seit 1972 im Bundesverband Bürgerinitiativen Umweltschutz (BBU), der trotz seines umfassenderen Namens besonders zur Anfangszeit einen starken Schwerpunkt auf das Engagement gegen die Atomenergie legte (vgl. Rucht 2008: 259). Einzelne, auch heute noch wichtige Bürgerinitiativen sind die Freundeskreise Gorleben, das

Kampagnennetzwerk X-tausendmal quer, das vorwiegend in Niedersachsen, aber auch bundesweit aktiv ist und die Bürgerinitiative Lüchow-Dannenberg (vgl. Rucht 2008: 260). *Castor nix da* richtet sich besonders gegen Atommülltransporte und ist überregional aktiv. Generell bestehen heute aber nur noch wenige größere regionale und überregionale Initiativen (vgl. Richt 2008: 264).

Zentrale Begriffe

Um überprüfen zu können, ob die im vorherigen Abschnitt dargelegten Thesen im Falle der Anti-Atomkraft-Interessenvertretung nach Tschernobyl und Fukushima zutreffend sind, muss klar sein, was genau unter den Begriffen Protest und Lobbying verstanden werden soll. Begonnen wird mit der zum ersten untersuchten Zeitraum eher vorherrschenden Ausprägung der Interessenvertretung, dem Protest (2.2.1.). Danach wird auf die für den zweiten Zeitraum der Vermutung nach stark ausgeprägten Form, das Lobbying (2.2.2.), eingegangen.

Protest

Protest kann allgemein als Bekundung des Missfallens und des Nichteinverständnisses definiert werden (vgl. Schmidt 2010: 650) und von verschiedenen Akteuren, wie Individuen, Verbänden, Unternehmen oder ausländischen Regierungen ausgeübt werden (vgl. Blank 2002: 2). Man kann ihn unterteilen in konventionellen, demonstrativen und konfrontativen Protest sowie Angriffe auf Eigentum und Gewalt (vgl. Rucht/Roose 2007: 89).

Es gibt zwei Protestereignisanalysen zu Umweltprotesten, die beide eine breite Definition von Protest benutzen, die etwa Unterschriftensammlungen, Demonstrationen, Blockaden und Sachbeschädigungen einschließt: das PRODAT-Projekt und der TEA-Datensatz (vgl. Roose 2006: 39f.). Als Grundlage für die folgende Untersuchung wird auf die für das PRODAT-Projekt verwendeten Kategorien zurückgegriffen. Es handelt sich hierbei um Unterschriften, Petition, Resolution, Offener Brief, Pressekonferenz, Flugblatt, Versammlung, Teach-In, öffentliche Protestkundgebung, nicht-sprachlicher Protest, Demonstrationsmarsch, Verfahrenseinspruch, gerichtliche Klage, Verunglimpfung, Störung, Behinderung, Blockade, Sit-In, Streik, Besetzung, Diebstahl, Einbruch, (schwere) Sachbeschädigung, Anschlag, Plünderung, Handgemenge, Rempelei, Verletzung von Personen, Totschlag, Mord sowie Hungerstreik (vgl. Rucht 2010: 11f.).

Der Begriff des Lobbying bezieht sich etymologisch auf die politischen Institutionen, die Interessensverbände zu beeinflussen versuchen: Lobby bedeutet die Wandelhalle des Parlamentes, zu der Nicht-Parlamentarier Zutritt hatten. In dieser Arbeit werden unter Lobbying direkte, informelle, nichtöffentliche Versuche der inneren Beeinflussung von politischen Entscheidungsträgern im eigenen Sinne und auf verschiedene Art und Weise verstanden (vgl. Sebaldt/Straßner 2004: 19f.; Wehrmann 2007: 40).

Diese Beeinflussungsversuche können auf sehr verschiedene Weise vonstattengehen und ein unterschiedlich großes Maß an Druckausübung beinhalten. Zunächst einmal geht es darum, Kontakt mit Entscheidungsträgern aufzubauen bzw. zu pflegen, was klassischerweise durch persönliche Gespräche oder schriftlichen bzw. telefonischen Kontakt geschehen kann (vgl. Sebaldt/Straßner 2004: 157). Damit eine Beeinflussung der Lobbying-Adressaten möglich ist, bringen die Lobbyisten verschiedene „Güter" in eine Art Tauschgeschäft ein. Ein solcher Tausch kann zum Beispiel das (exklusiv weitergegebene) Wissen der Lobbyisten gegen frühzeitige Informationen und Einfluss sein bzw. kann die Zurückhaltung eben dieses Wissens als Druckmittel eingesetzt werden (vgl. Sebaldt/Straßner 2004: 19f.). Eine besondere Form des Einbringens von Expertenwissen auf Seiten der Interessenvertreter ist die Erstellung von Gutachten und Entwürfen im Zuge der Gesetzesvorbereitung (vgl. Leif/Speth 2003: 14). Hierbei wird neben Expertise auch Arbeitsentlastung gegen die Mitgestaltung eines Gesetzes getauscht. Weitere Güter, die Lobbyisten einbringen können, sind beispielsweise finanzielle Unterstützung in Form von Parteispenden, Investitionen können angeboten oder zurückgezogen werden (vgl. Sebaldt/Straßner 2004: 19f.). Auch persönliche Vorteile können den politischen Entscheidungsträgern in Aussicht gestellt werden, was von einfachen Einladungen bis hin zu Posten innerhalb der von den Lobbyisten vertretenen Organisationen reichen kann. Letztere Methode funktioniert andersherum noch direkter und für die Lobbyorganisationen aussichtsreich: die politische Entscheidungsträgerschaft kann mit „eigenen Leuten" durchdrungen werden, das heißt, dass Vertretern der Interessensorganisation selbst bei einer politischen Karriere geholfen wird. In diesem Fall muss in Bezug auf diese Personen gar kein Lobbying mehr stattfinden – ein direkter Einfluss ist hier möglich (vgl. Leif/Speth 2003: 14; Sebaldt/Straßner 2004: 19f.; Leif/Speth 2003: 8). Manche Autoren fassen außerdem auch Korruption und andere illegale

Beeinflussungsmethoden unter den Begriff des Lobbyismus (vgl. Leif/Speth 2003: 9).

Während Lobbyisten traditionell für Verbände tätig sind, sind sie das zunehmend auch für einzelne Unternehmen sowie als Auftragslobbyisten (vgl. Sebaldt/Straßner 2004: 268; Wehrmann 2007: 40f.). Adressaten von Lobbying können auf der Bundesebene neben Parlament und Regierung auch Ministerialverwaltung und Parteien, oberste Bundesbehörden und der Bundesrat sein. Vor allem Ministerialverwaltung und Regierung sind dabei von Interesse, da hier Gesetze vorbereitet bzw. eingebracht werden (vgl. Wehrmann 2007: 43). Generell gilt, dass Lobbying umso erfolgreicher ist, je früher es im Policy-Making-Prozess einsetzt. So sind die institutionalisierten Anhörungen von Parlamentsausschüssen schon recht spät in diesem Prozess angesiedelt (vgl. Luft 2009: 44f.). Informelle vorherige Einflussnahme ist tendenziell eher von Erfolg gekrönt.

„Indirektes Lobbying" stellt eine spezielle Form des Lobbying da, was sich nicht direkt an die politischen Entscheidungsträger richtet. Hier ist gerade für das Lobbying von Nichtregierungsorganisationen eine Abgrenzung von Protest schwer möglich. Es ist hierunter die Beeinflussung von Öffentlichkeit und Medien zu verstehen, zum Beispiel über extra hierfür geschaffene Dritte mit hoher Glaubwürdigkeit wie Bürgerinitiativen (vgl. Luft 2009: 41). Beim „Grassrootslobbying" tun möglichst viele Menschen ihre Meinung beispielsweise via Unterschriftenliste kund (vgl. Wehrmann 2007: 45f.), womit man es schon mit einer Form des Protestes zu tun hat.

Die wissenschaftliche Beschäftigung mit dem Lobbying, besonders die Erforschung konkreter lobbyistischer Vorgehensweisen, ist naheliegenderweise aufgrund des informellen Charakters der Kontakte erschwert (vgl. Leif/Speth 2003: 10). Außerdem ist fraglich, inwieweit vonseiten der Adressaten ehrliche Auskünfte zu diesem Thema zu erwarten sind.

Die Anti-Atomkraft-Interessenvertretung nach Tschernobyl und Fukushima im Vergleich

Zunächst sollen an dieser Stelle nun die Protestereignisse in den genannten Zeiträumen miteinander verglichen werden. Hierzu wurde auf Presseberichte zurückgegriffen. Darauf folgt der Versuch, die lobbyistischen Aktivitäten miteinander zu vergleichen, wobei neben allgemeinen Überlegungen die Auswertung der Verbandszugehörigkeiten der Abgeordneten im Bundestag im Mittelpunkt steht.

Trotz der generellen Annahme einer sinnvollen Vergleichbarkeit der beiden Zeiträume besteht neben vielen sich notwendigerweise über 25 Jahre hinweg ändernden Einflüssen der recht gravierende Unterschied, dass es 1986 nicht substanziell zu einem Einlenken der Regierung kam. 2011 geschah dies allerdings zunächst mit dem Atom-Moratorium für die sieben ältesten Kraftwerke, dann mit dem Entschluss, acht Anlagen sofort auszuschalten bzw. nicht wieder hochzufahren und die restlichen bis zum Jahr 2022 vom Netz zu nehmen, durchaus. Bis sich Atomkraftkritiker dieser politischen Veränderung ganz sicher sein konnten, kann diese Entwicklung zwar eine besondere Motivation darstellen, sich für ein Interesse einzusetzen, da die Erfolgchancen sehr hoch sind. Ab dem Moment, wo allerdings ein (Teil-)Erfolg erreicht ist, besteht eine geringere Notwendigkeit sich zu engagieren, die immer noch ausreichend sein kann, aber nicht sein muss.

Protest im Vergleich

Um den atomkritischen Protest in den Monaten nach Tschernobyl mit jenem nach Fukushima zu vergleichen, wurde die Berichterstattung einer Wochenzeitung, nämlich des Spiegels, sowie der Taz als Tageszeitung ausgewertet. Hierbei muss klar sein, dass eine solche Auswertung weit davon entfernt ist, die tatsächlichen Ereignisse in annähernder Vollständigkeit darzustellen, da nur ein bestimmter Teil an Protestereignissen sich überhaupt in den Medien wiederfindet, hiervon wieder nur ein Teil in den beiden untersuchten Zeitungen. Anhand einer solchen Untersuchung eine absolute Aussage zu treffen, beispielsweise die Anzahl an stattgefundenen Demonstrationen betreffend, ist sicherlich nicht möglich. Relative Aussagen zu treffen, also ob mehr oder weniger von einem bestimmten Ereignis stattgefunden hat, verglichen mit einem anderen Untersuchungsraum, ist dagegen unter Einschränkungen durchaus möglich. Dies gilt nämlich dann, wenn davon ausgegangen werden kann, dass die Wahrscheinlichkeit, dass über ein Ereignis berichtet wird, ähnlich hoch geblieben ist. Dies kann von vielerlei Aspekten abhängen: so zum Beispiel von den sonstigen als berichtswert empfundenen Ereignissen, der politischen Ausrichtung einer Zeitung, dem verfügbaren Platz. Auch gibt es die Tendenz, dass Journalisten weniger von Protesten berichten, wenn eine gewisse Gewöhnung eingetreten ist. Von einem einzelnen Protest allerdings wird mit einer höheren Wahrscheinlichkeit berichtet, wenn dieser im Zusammenhang einer Protesthochzeit stattfindet (vgl. Rootes 2007: 237). Ein weiteres Problem bei der Interpretation des Ergebnisses ist die kleine Gesamtzahl an Ereignissen.

Für beide Auswertungen galt die obige Definition des Protestes als „Bekundung des Missfallens und des Nichteinverständnisses" gegen Atomkraft, der Atomkraft Dienliches oder den Umgang mit Atommüll. Bezüglich der Formen des Protestes, die hier gezählt werden sollen, wird sich am PRODAT-Projekt orientiert. In diesem Projekt wurden Massendaten zu Protestereignissen in der Bundesrepublik Deutschland erhoben und analysiert (vgl. Rucht et al. 1992: 2). Von den dort genannten Formen des Protestes kamen folgende vor: Unterschriften, Resolution, Offener Brief, öffentliche Protestkundgebung, Domonstrationsmarsch, Blockade, Sachbeschädigung, Anschlag. Protest, der von ausländischen Regierungen ausging wurde, der Fragestellung entsprechend, nicht berücksichtigt sowie Proteste, über die zwar im untersuchten Zeitraum berichtet wurde, die aber schon davor stattgfunden hatten. Ausländische Proteste zu deutscher Atomkraft sowie internationale Proteste wurden nicht aufgenommen, deutsche Proteste zu ausländischer Atomkraft hingegen schon, da sie etwas über die Aktivitäten der untersuchten Akteure aussagen und somit zur Beantwortung der Fragestellung beitragen. Es wurden keine Interviews in die Auswertung miteinbezogen, da relevante Ereignisse dort zumeist nur angedeutet wurden und somit schwer einzuordnen waren bzw. sich nur schwer nachprüfen ließ, ob sie sich mit schon erfassten Protesten überschneiden. Protestereignisse, über die mehrfach berichtet wurde, wurden naheliegenderweise nur einfach erfasst.

Zunächst soll auf die Proteste eingegangen werden, die in der Wochenzeitschrift Spiegel ein mediales Echo fanden. Gewählt wurde der Spiegel – abgesehen von seiner bedeutenden Rolle in der deutschen Medienlandschaft – weil es wahrscheinlich erscheint, dass zu beiden Zeiträumen eine atomkrafthinterfragende Haltung in der Redaktion geherrscht hat. Dies macht einen sich ähnelnden Willen über Proteste zu berichten wahrscheinlich und reduziert somit diese bedeutende Drittvariable. In der ersten sich mit dem Unfall von Tschernobyl befassenden Ausgabe des Spiegels stellt die Zeitschrift in der Rubrik „Hausmitteilung" klar, dass das Blatt eine „skeptische bis entschieden ablehnende Haltung [...] zum forcierten Ausbau der Atomenergie" habe und bildet zur Untermalung atomkritische Titelblätter aus den letzten Jahren ab (vgl. Spiegel 1986f: 3). 25 Jahre später titelt der Spiegel in seiner ersten Ausgabe nach dem Unfall im Kernkraftwerk in Fukushima (11/2011): „Fukushima, 12. März 2011, 15.36 Uhr. Das Ende des Atomzeitalters" und bezieht damit wiederum eine kritische Stellung, die über den Unfall an sich hinausreicht.

Um einen möglichst langen Zeitraum untersuchen zu können, werden alle Spiegel-Ausgaben seit dem nuklearen Unfall in Fukushima bis zum Ferstigstellen dieser Arbeit, d. h. bis einschließlich der Ausgabe vom 28. November 2011, miteinbezogen. Es handelt sich dabei um 38 Ausgaben. Die 39. Ausgabe nach dem Unfall in Tschernobyl wurde am 12. Januar 1987 veröffentlicht und wird als letzte aus diesem Zeitraum mitberücksichtigt. In der ersten Ausgabe nach dem Unglück, am 28. April 1986, fand noch keine Erwähnung des Vorfalles statt. Deswegen ist sie nicht miteinbezogen.

Insgesamt wurde im ersten Untersuchungszeitraum neun Mal von Demonstrationen bzw. öffentlichen Kundgebungen berichtet (vgl. Spiegel 1987b: 27; Spiegel 1986k: 139; Spiegel 1986h: 51; Spiegel 1986i: 68; Spiegel 1986m: 42), zwei davon waren gewaltsam (vgl. Spiegel 1986p: 105, Spiegel 1986o: 26-50). Des Weiteren kommen eine Blockade von Greenpeace (vgl. Martin 1986: 115-118) und eine Besetzung von Robin Wood vor (vgl. Spiegel 1986c: 75). Zweimal wird außerdem von gehäuften Sachbeschädigungen beispielsweise gegen Strommasten geschrieben (vgl. Spiegel 1986b: 53; vgl. Spiegel 1986e: 31-35). Darüber hinaus gibt es drei allgemeine, nicht mit den vorher erwähnten, deckungsgleiche Artikel zur Protestbewegung (vgl. Spiegel 1986d: 56f.; Spiegel 1986n: 53-59; Spiegel 1986o: 26-50). Insgesamt wurden 16 Artikel gefunden, in denen Anti-Atom-Protest behandelt wurde (vgl. außer den bereits genannten Spiegel 1986a: 56-77; Spiegel 1986g: 28). (Außer diesen sich auf westdeutschen Protest beziehenden Artikeln wurde auch über eine ostdeutsche Unterschriftenliste zur Abschaltung aller Atomkraftwerke berichtet (vgl. Spiegel 1986j: 50).)

Ohne diese Berichterstattung einer weitergehenden Betrachtung zu unterziehen, lässt sich ein sehr großer Unterschied zum Jahr 2011 festgestellt werden. In allen 38 untersuchten Ausgaben des Spiegels gab es nur am 21. März überhaupt die Erwähnung von Anti-Atom-Protest, einmal in Form von Ankündigungen von Demonstrationen in verschiedenen deutschen Städten, zu denen die

Veranstalter über 100.000 Teilnehmer erwarteten sowie zu Mahnwachen. Zum Anderen seien Proteste geplant für den 25. Jahrestag des Reaktorunglücks von Tschernobyl und das Ende des Moratoriums, mit denen einige Kraftwerke zunächst vorübergehend ausgeschaltet wurden (vgl. Spiegel 2011b: 20). Des Weiteren wird über eine Störung eines Auftrittes der Kanzlerin und von 60.000 Menschen auf den Straßen Baden-Württembergs, wo Landtagswahlen bevorstanden, berichtet (vgl. Spiegel 2011a: 24-27).

Die Auswahl der Tageszeitung fand vor allem aus dem Grunde statt, dass sie stabil und offen gegen Atomkraft eingestellt ist, sogar Anti-Atom-Protest-Accesoires vertreibt. Das hat zum einen den bereits beim Spiegel benannten Vorteil, dass es durch eine Änderung der vorherrschenden Meinung in der Redaktion wohl nicht zu einer Verschiebung der Berichterstattung kommt. Zum anderen ist von ihr besonders viel Berichterstattung zum Thema des Anti-Atomprotests zu erwarten.

Allerdings war das Archiv der Taz erst ab dem 2. September 1986 zugänglich. Also war ein Untersuchungszeitraum vom 2. September 1986 bis 5. Januar 1987, d. h. von 126 Tagen, möglich. Dies entspricht dem Zeitraum vom 26. Juli 2011 bis 28. November 2011. Da es sich um ein Online-Archiv handelt, wurden alle Artikel ausgewertet, die mit Benutzung der Suchfunktion unter Eingabe des Begriffes „Atom" aufgelistet wurden. Für 1986/1987 gab es 93 Treffer, für 2011 115. Berücksichtigt wurde lediglich die deutschlandweite Ausgabe. Solidaritäts- und Informationsveranstaltungen sowie Trainings zu Protestaktionen wurden außen vorgelassen.

Unter diesen Vorgaben kommt man dann auf elf (1986) zu neun (2011) Protestereignisse. Im Jahr 1986 wird von drei Demonstrationsmärschen bzw. öffentlichen Protestkundgebungungen berichtet: eine Anti-AKW Demo in Hanau (vgl. Kintzinger 1986: 5), 3.500 Teilnehmer gegen die emsländischen Atomanlagen (vgl. taz 1986e: 2) sowie 400 Teilnehmern gegen das Verbot der Bundeskonferenz der Anti–Atom–Bewegung (vgl. Koch 1986: 1). 2011 gab es den bundesweiten Castor-Aktionstag mit 6.000 Menschen (vgl. Paul 2011a: 8), Demonstrationen in Gorleben zum Castortransport (vgl. Paul 2011b: 8, Kaul 2011b: 2) und gegen den Weiterbetrieb des niedersächsischen Atomkraftwerks Grohnde (vgl. Paul 2011c: 8).

1986 kommt es zu einer Unterschriftenaktion mit 100.000 Unterschriften für ein Volksbegehren in Nordrhein-Westfalen gegen die Atomanlagen (vgl. taz 1986a: 1), einem offenen Brief des Anti-Atom-Forums Stuttgart, eines

Zusammenschlusses aus rund 40 Anti-Wiederaufbereitungsanlage-Gruppen (vgl. taz 1986g: 5) und einer Resolution beim Gewerkschaftskongress der IG Drupa (vgl. taz 1986f: 5).

Blockaden werden im Jahr 1986 nicht erwähnt, 2011 dagegen mehrfach. So die Kampagne Gorleben 365 mit dem Versuch, an möglichst vielen Tagen den Verkehr zum Gorlebener Endlagerbergwerk zu behindern (vgl. Paul 2011d: 9). Dazu gibt es dann auch mehrere kurze Berichte zu einzelnen Aktionen (vgl. z. B. Paul 2011e: 2; Paul 2011f: 17). Es finden Castorblockaden beim Atommülltransport nach Gorleben (vgl. Kaul 2011a: 8, Kaul 2011b: 2) und gegen den Weiterbetrieb des niedersächsischen Atomkraftwerks Grohnde (vgl. Paul 2011c: 8) statt. 1986 wird von einer Banneraktion von Greenpeace berichtet (vgl. Scheuer 1986: 1).

Neben Blockaden, die nur bedingt strafbar sind, kommen illegale Protestformen in beiden Untersuchungszeiträumen vor. 1986 werden Anschläge auf die Hanauer Firma Nuklear Ingenieur Service verübt (Brandanschlag) (vgl. taz 1986b: 1) sowie auf die Bahnstrecke Hamburg–Hannover, die für Transporte zum Atommüllendlager Gorleben genutzt wird (vgl. taz 1986i:1). Außerdem findet Sachbeschädigung von Strommasten statt (vgl. taz 1986h: 3). 2011 kommt es zu einem Molotow-Cocktail-Anschlag auf zwei Polizeiautos im Rahmen des Castortransportes nach Gorleben (vgl. Kaul 2011b: 2). Außerdem findet zum gleichen Anlass das zwischen Sachbeschädigung und Blockade schwer einzuordnende Schottern statt, bei dem Schotter aus dem Gleisbett entfernt wird, um den Transport des Atommülls zu erschweren (vgl. Kaul 2011b: 2). 1986 fand eine Anti–Atom–Bundeskonferenz (vgl. taz 1986c: 4) statt. Des Weiteren finden sich auch in der Taz zwei Artikel zu Protesten in der DDR (vgl. taz 1986d: 1; Geis 1986: 9).

In der Taz aus dem Jahre 2011 gibt es, im Gegensatz zur Taz von 1986, eine Veranstaltungsübersicht, in der zwei Mahnwachen (vgl. taz 2011b: 8; taz 2011c: 6), eine Kundgebung (vgl. taz 2011a: 8), drei Demonstrationen (vgl. taz 2011j: 4; taz 2011f: 8; taz 2011g: 6), eine Konferenz (vgl. taz 2011d: 5), ein Aktionstag (vgl. taz 2011e: 7) und zweimal Theateraufführungen (vgl. taz 2011h: 4; taz 2011i: 5) angekündigt werden. Da es sich hierbei allerdings sehr überwiegend um kleine, lokale Protestereignisse handelt, die ansonsten nicht die Relevanz hatten, in der Berichterstattung vorzukommen und es keine ähnliche Kategorie mit folglich ähnlichen Auswahlkriterien im Jahre 1986 gab, werden diese außen vorgelassen.

Betrachtet man nun also die in der Taz erwähnten Protestereignisse, kann keineswegs ein so deutlicher Unterschied zwischen den beiden Zeiträumen festgemacht werden, um die These eines Zurückgangs des Protestes zu stützen. Auch bezüglich der Radikalität der Vorgehensweisen ist kein großer Unterschied zu sehen. So fanden Blockaden nur 2011 statt und in beiden Jahren kommt es mehrfach zu Sachbeschädigungen. Hinzu kommt, dass ein recht weitreichendes Einlenken der Bundesregierung schon vor dem Untersuchungszeitraum 2011 stattfand, was 1986 nicht der Fall war. Trotzdem kam es zu einer nicht unbeträchtlichen Anzahl von Protesten, besonders die Frage der Endlagerung machte anscheinend Mobilisierung weiterhin möglich.

Damit entspricht die Taz-Berichterstattung keineswegs der Berichterstattung beim Spiegel. Da im Spiegel allerdings nicht einmal eine Berichterstattung über die umfangreichen Proteste in Gorleben stattfand, ist fraglich, inwieweit atomkritischer Protest im untersuchten Zeitraum überhaupt eine Chance hatte, in das Heft aufgenommen zu werden. Es liegt nahe, dass nach einem von der Regierung geschaffenen gesellschaftlichen Kompromiss das Interesse des Spiegels an einer Berichterstattung über das Thema der Kernenergie trotz vorhandenem Protest sank.

Lobbying im Vergleich

Lobbying wissenschaftlich zu untersuchen, ist, wie weiter oben dargelegt, generell nicht einfach. Mit einem Abstand von 25 Jahren ist eine solche Untersuchung selbstverständlich noch schwieriger. Allerdings können bei Betrachtung der aktuellen Situation dennoch Rückschlüsse für die Beantwortung der Fragestellung gezogen werden.

Es wurde hierfür eine Form des Lobbyings als Untersuchungsgegenstand gewählt, in die ein Einblick relativ einfach zu erhalten ist: die personelle Durchsetzung, also entweder das Platzieren der „eigenen Leute" in politische Ämter oder das Gewinnen von Politikern für den eigenen Verband oder das Unternehmen. Dafür wurden die auf den Internetseiten des Deutschen Bundestages veröffentlichten „Biografien" aller zum gegenwärtigen Zeitpunkt im Bundestag vertretenen Abgeordneten ausgewertet. Besonders die dort aufgeführten veröffentlichungspflichtigen Angaben, die z.B. „Funktionen in Vereinen, Verbänden und Stiftungen" oder „Entgeltliche Tätigkeiten neben dem Mandat" umfassen, waren hierbei von Interesse. Erfasst wurden angegebene Tätigkeiten für Umweltverbände, die sich gegen die Atomenergie engagieren (im Zweifelsfalle wurde die Selbstdarstellung auf der jeweiligen Internetpräsenz zu Rate gezogen) sowie für Unternehmen oder Verbände aus dem Bereich der erneuerbaren Energie. Tätigkeiten für Unternehmen und Verbände im Bereich der Kohleenergie wurden nicht aufgenommen, da hier eine prinzipielle Befürwortung eines Ausstieges aus der Kernenergie nicht angenommen werden kann. Nicht erfasst wurden ausgeschiedene sowie verstorbene Abgeordnete, allgemeine Informationsangaben wie etwa „Mitgliedschaft in diversen Umweltorganisationen", da hier nicht klar ist, ob es sich um atomkritische Organisationen handelt oder beispielsweise um der Atomenergie neutral gegenüberstehende Vereinigungen zur Landschaftspflege, sowie nicht mehr ausgeübte Tätigkeiten. Wenn ein Abgeordneter sowohl Mitgliedschaft als auch Ehrenamt bei einem Verband ausübt, wurde lediglich das Ehrenamt erfasst, bei Mitgliedschaft sowohl in Mutter- als auch Jugendorganisation nur die Mutterorganisation aufgenommen. Der Übersichtlichkeit wegen werden die Biografieseiten der Abgeordneten nicht einzeln zitiert, sondern sind dem Namen nach auf einer Übersichtsseite abruf- und nachprüfbar (vgl. Deutscher Bundestag 2011a).

Es ergibt sich folgendes Bild (da manche Abgeordnete zwei- oder mehrere Angaben gemacht haben, die hier erfasst wurden, sind die insgesamten Ergebnisse nicht per Addition zu erhalten):

	CDU/ CSU	SPD	FDP	Grüne	Linke	Insgesamt
Angegebenerweise aktiv in der Anti-AKW-Bewegung	-	-	-	-	**1**	**1**
Aktiv in einem Verband	**7**	**4**	**1**	**4**	-	**16**
Bundesverband Erneuerbare Energie	5	4	1	3	-	13
Bundesverband Bioenergie	1	1	-	1	-	3

Arbeits-gemeinschaft Wasserkraft-werke Baden-Württemberg	2	-	-	-	-	2
Bayrische Solarinitiativen	-	-	-	1	-	1
Eurosolar	-	-	-	1	-	1
Regiosolar	-	-	-	1	-	1
Fraunhofer Institut für Solare Energiesysteme	-	-	-	1	-	1
Vereinigung Wasserkraft-werke in Bayern	1	-	-	-	-	1
Solarpact	-	-	-	1	-	1
Bioenergieregion HOT	1	-	-	-	-	1
Energiewerk Stiftung	1	-	-	-	-	1
Wirsol Solar AG	1	-	-	-	-	1
BUND	-	-	-	1		1
Naturfreunde	-	1	-	-	-	1
NABU	-	-	-	1	-	1
Mitglied in einem Verband	-	**25**	**2**	**12**	**4**	**43**
Eurosolar	-	8	-	1	1	10

World Council for Renewable Energy	-	-	-	1	-	1
BUND	-	16	2	9	2	29
NABU	-	8	-	3	-	11
Naturfreunde	-	7	-	-	-	7
Greenpeace	-	3	-	2	1	6
BBU (Bundesverband Bürgerinitiativen Umweltschutz)	-	-	-	-	1	1
X-tausendmal quer	-	-	-	-	1	1
KLAR-Kein Leben mit atomaren Risiken	-	1	-	-	-	1
Ökoinstitut	-	1	-	-	-	1
Entgeltliche Tätigkeiten für Umwelt-verbände oder im Bereich der erneuerbaren Energie	**1** (Betrieb eines Klein-Wasser-kraft-werkes)	**1** (Mitglied des Aufsichts-rates für SMA Solar Techno-logy AG)	-	-	-	**2**
INSGESAMT	**7**	**26**	**2**	**13**	**5**	**53**

Es haben also 53 von 620 Abgeordneten eine Nähe zu einem atomkritischen Umweltverband, einem Verband für erneuerbare Energien oder sind beruflich in den Bereich der Erneuerbaren involviert. Besonders interessant ist dabei natürlich die aktive Ausübung eines Ehrenamtes, wo der persönliche Kontakt zu den anderen Aktiven im Verband besteht, was bei einer bloßen Mitgliedschaft nicht der Fall sein muss. Hierbei fällt auf, dass nur in drei Fällen ein Ehrenamt für einen Umweltverband ausgeübt wird. In 27 Fällen wird dagegen ein Ehrenamt für einen Verband aus dem Bereich der erneuerbaren Energie ausgeübt. Besonders stark ist die Verbindung zum Bundesverband Erneuerbare Energie. Es scheint also, dass hier besondere Einflusschancen vonseiten des Wirtschaftszweiges der Erneuerbaren Energie bestehen. Dies ist ein beträchtlicher Unterschied zu dem Jahre 1986, in dem es den Bundesverband Erneuerbare Energie beispielsweise noch nicht gab und die Erneuerbaren einen marginalen Anteil an der Energieversorgung stellten und so ein Einfluss auf die Politik kaum möglich war (vgl. Spiegel 1986l: 99).

Dass der wirtschaftliche Zweig der Erneuerbaren Energie weit in die Anti-Atomkraft-Bewegung integriert ist, zeigt die sehr weitreichende Kooperation, die vor allem mit der Stromliberalisierung und somit dem Entstehen von ökologischen Energieanbietern möglich wurde. 1999 wurde Greenpeace Energy gegründet (vgl. Greenpeace Energy 2011), die Elektrizitätswerke Schönau sind aus einer Bürgerinitiative entstanden (vgl. Elektrizitätswerke Schönau 2011), Gründungsmitglieder der Naturstrom AG sind u.a. BUND und NABU (vgl. Naturstrom AG 2011). Diese drei werden, gemeinsam mit dem Stromanbieter Lichtblick, als die einzigen vom Standpunkt des Umweltschutzes aus tatsächlich empfehlenswerten bundesweiten Ökostromanbieter beispielsweise vom Bündnis „Atomausstieg selber machen" beworben, das aus verschiedenen Vertretern der Anti-Atom-Bewegung besteht, so u.a. aus BUND, NABU, WWF, Robin Wood, der Bürgerinitiative Umweltschutz Lüchow-Dannenberg, den Naturfreunden Deutschlands und den Müttern gegen Atomkraft (vgl. Atomausstieg selber machen 2011). Auch Greenpeace unterstützt die Initiative (vgl. Steffens 2010).

Es muss weiterhin angemerkt werden, dass zum Zeitpunkt des Unfalls von Tschernobyl noch kein Umweltministerium bestand. Wie oben erwähnt stellen Ministerien einen sehr wichtigen Adressaten der Lobbyisten dar (vgl. Leif/Speth 2003: 24). Erst als Reaktion auf den Unfall von Tschernobyl wurde statt der angedachten Enquete-Kommission das erste deutsche Umweltministerium, das Ministerium für Umwelt, Naturschutz und Reaktorsicherheit, am 6. Juni 1986 ins Leben gerufen (Deutscher Bundestag 2011b).

Schluss

Die eingangs gestellte Frage, ob sich die Anti-Atom-Interessenvertretung – vergleicht man die Monate nach dem Reaktorunglück in Tschernobyl 1986 mit denen nach der Katastrophe in Fukushima 2011 – weg vom Protest und hin zum Lobbyismus entwickelt hat, kann mit den hier erhaltenen Ergebnissen nicht uneingeschränkt bejaht werden. Der Lobbyismus erscheint durchaus gestärkt, wenn man die neu hinzugewonnenen Adressaten unter den politischen Entscheidungsträgern und die gestärkten, von einem raschest möglichen Atomausstieg profitierenden wirtschaftlichen Akteure, die Vertreter des Zweigs der Erneuerbaren Energien, betrachtet. Allein im Bundesverband Erneuerbare Energie engagieren sich 13 Abgeordnete des Bundestages. Dies mag zwar absolut betrachtet nicht außergewöhnlich viel sein, vergleicht man es mit der wirtschaftlichen Situation 1986 ist dies allerdings durchaus beträchtlich.

Was den vermuteten Rückgang des Protestes betrifft, so bestätigt die Auswertung der Berichterstattung des Spiegels zunächst diese Annahme. In der Taz mit ihrer umfangreicheren Behandlung der Thematik kann dies allerdings nicht bestätigt werden. Hier ist trotz des Einlenkens der Regierung im Jahr 2011 kein bedeutender Unterschied zum Jahr 1986 feststellbar. Das Ergebnis hierzu bleibt also uneindeutig, lässt aber keineswegs die Bestätigung der These zu. Es erscheint sehr wohl möglich, dass – zumindest bei bestimmten Anlässen – ein ähnlich starker Protest wie im 25 Jahre zuvor liegenden Vergleichszeitraum mobilisierbar ist. Damit würde sich die Situation nicht stark von jener vor Tschernobyl unterscheiden. Karl-Dieter Opp und Wolfgang Roehl stellten bei einer Auswertung der Pressemeldungen über gegen Atomkraft gerichtete Protestaktionen ab 1982 bis zum Reaktorunfall in Tschernobyl nicht sehr starke Proteste fest. Mit dem Unfall änderte sich dies auffallend (vgl. Opp/Roehl 1990: 33).

Allerdings ist im Laufe der Arbeit immer wieder auf die Schwierigkeiten und Unwägbarkeiten einer solchen Untersuchung hingewiesen worden. Wo zur Untersuchung der Protestentwicklung die Auswertung weiterer Medien ein deutlich sichereres Ergebnis bringen könnte, ist es im Bereich des Lobbyismus – insbesondere, wenn die Untersuchung recht weit in die Vergangenheit zurückreicht – sehr schwierig, belastbares Material zu finden. Hierbei könnten Interviews mit beteiligten Person Aufschluss bringen.

Literaturverzeichnis

Amm, Joachim (2007): Umweltverbände. In: Winter, Thomas von/Willems, Ulrich (Hrsg.), Interessenverbände in Deutschland. Wiesbaden: VS Verlag, 367-390.

Atomausstieg selber machen (2011): Über uns: Atomausstieg selber machen. Text abrufbar unter: http://www.atomausstieg-selber-machen.de/ueber-uns.html (Zugriff am 1. Dezember 2011).

Blank, Alexandra (2002): Politischer Protest und seine Dynamik. Wiesbaden: Deutscher Universitätsverlag.

Brand, Karl-Werner/Stöver, Henrik (2008): Umweltbewegung (inkl. Tierschutz). In: Roth, Roland/Rucht, Dieter (Hrsg.), Die sozialen Bewegungen in Deutschland seit 1945. Ein Handbuch. Frankfurt a. M.: Campus Verlag, 220-244.

Clement, Ute/Nowak, Jörg/Ruß, Sabine/Scherrer, Christoph (2010): Einleitung: Public Governance and schwache Interessen. In: Clement, Ute/Nowak, Jörg/Scherrer, Christoph/Ruß, Sabine (Hrsg.), Public Governance und schwache Interessen. Wiesbaden: VS Verlag für Sozialwissenschaften, 7-25.

Deutscher Bundestag (2011a): Finden Sie Ihren Abgeordneten. Text abrufbar unter http://www.bundestag.de/bundestag/abgeordnete17/index.jsp (Zugriff am 2. Dezember 2011).

Deutscher Bundestag (2011b): Historische Debatten (10): Tschernobyl und die Folgen. Text abrufbar unter http://www.bundestag.de/dokumente/textarchiv/2010/29324757_serie_historische_debatten10/index.jsp (Zugriff am 2. Dezember 2011).

Elektrizitätswerke Schönau (2011): Guter Strom beginnt im Kopf. Text abrufbar unter http://www.ews-schoenau.de/ews/geschichte.html (Zugriff am 30.11.2011).

Geis, Matthias (1986): Ausstieg oder Wallmann-Linie? In: *taz*, 24. Oktober 1986, 9.

Greenpeace Energy (2011): Wie alles anfing. Text abrufbar unter http://www.greenpeace-energy.de/de/ueber-uns/geschichte.html (Zugriff am 29.11.2011).

Kaul, Martin (2011a): Der Castor steht und strahlt. In: *taz*, 25. November 2011, 8.

Kaul, Martin (2011b): Mit Polizeigewalt gegen Bürgerproteste. In: *taz*, 26. November 2011, 2.

Kintzinger, Axel (1986): Demonstration von Einigkeit statt Spaltung. In: *taz*, 10. November 1986, 5.

Koch, Luitgart (1986): Jagdszenen aus der Oberpfalz. In: *taz*, 1. Dezember 1986, 1-2.

Leif, Thomas/Speth, Rudolf (2003): Anatomie des Lobbyismus. Einführung in eine unbekannte Sphäre der Macht. In: Leif, Thomas/Speth, Rudolf (Hrsg.), Die stille Macht. Lobbyismus in Deutschland. Wiesbaden: Westdeutscher Verlag, 7-32.

Luft, Stefan (2009): Lobbyismus und moderner Staat – Grenzen und Perspektiven. In: Sell, Axel/Krylov, Alexander Nikolaevič (Hrsg.), Government Relations. Interaktionen zwischen Wirtschaft, Politik und Gesellschaft. Frankfurt am Main: Peter Lang, 37-48.

Martin, Hans-Peter (1986): „Papa, was hast du gemacht?". In: *Spiegel*, 24. November 1986, 115-118.

Massing, Peter (1996): Interessengruppen. In: Nohlen, Dieter (Hrsg.), Wörterbuch Staat und Politik. Bonn: Bundeszentrale für politische Bildung.

Miersch, Michael (1986): Halbwegs einig gegen Atomzentrum. In: *taz*, 22. September 1986, 1.

Naturstrom AG (2011): Historie der Naturstrom AG. Text abrufbar unter https://www.naturstrom.de/ueberuns/historie/ (Zugriff am 29. November 2011).

Opp, Karl-Dieter/Roehl, Wolfgang (1990): Der Tschernobyl-Effekt. Eine Untersuchung über die Ursachen politischen Protests. Opladen: Westdeutscher Verlag.

Paul, Reimar (2011a): Ausstieg verunsichert Atomkraftgegner. In: *taz*, 31. Oktober 2011, 8.

Paul, Reimar (2011b): Atommüllzug soll früher fahren. In: *taz*, 21.11.2011, 8.

Paul, Reimar (2011c): „Eichhörnchen" klettert in Grohnde. In: *taz*, 4. Oktober 2011, 8.

Paul, Reimar (2011d): Ein Jahr Blockade. In: *taz*, 11. August 2011, 9.

Paul, Reimar (2011e): Noch alles offen. In: *taz*, 27. August 2011, 2.

Paul, Reimar (2011f): Sprachlos in Gorleben. In: *taz*, 12. Oktober 2011, 17.

Radkau, Joachim (2011): Die Ära der Ökologie. Eine Weltgeschichte. München: C.H. Beck.

Roose, Jochen (2003): Lobbying für die „gute Sache". Umweltinteressen und die Macht der NGOs. In: Leif, Thomas/Speth, Rudolf (Hrsg.), Die stille Macht. Lobbyismus in Deutschland. Wiesbaden: Westdeutscher Verlag, 238-252.

Rootes, Christopher (2002): Besonderheiten der Umweltbewegungen. Umweltproteste in Deutschland und im EU-Vergleich. In: *Forschungsjournal NSB*, 15 (4), 49-54.

Rootes, Christopher (2007): Preface to the paperback edition. In: Rootes, Christopher (Hrsg.), Environmental Protest in Western Europe. New York: Oxford University Press, iii-xviii.

Rootes, Christopher (2007): The Transformation of Environmental Activism: An Introduction. In: Rootes, Christopher (Hrsg.), Environmental Protest in Western Europe. New York: Oxford University Press, 1-19.

Rootes, Christopher (2007): Conclusion: Environmental Protest Transformed. In: Rootes, Christopher (Hrsg.), Environmental Protest in Western Europe. New York: Oxford University Press, 234-257.

Rucht, Dieter (2008): Anti-Atomkraftbewegung. In: Roth, Roland/Rucht, Dieter (Hrsg.), Die sozialen Bewegungen in Deutschland seit 1945. Ein Handbuch. Frankfurt a. M.: Campus Verlag, 246-266.

Rucht, Dieter/Roose, Jochen (2007): Germany. In: Rootes, Christopher (Hrsg.), Environmental Protest in Western Europe. New York: Oxford University Press, 80-108.

Rucht, Dieter (2010): PRODAT-Codesheet Deutsch/Englisch. Text abrufbar unter http://www.wzb.eu/sites/default/files/u13/codesheet-prodat_2010.pdf (Zugriff am 29.11.2011).

Rucht, Dieter/Hocke, Peter/Ohlemacher, Thomas (1992): Dokumentation und Analyse von Protestereignissen in der Bundesrepublik Deutschland (Prodat) Codebuch. Discussion Paper FS III 92-103, Berlin: Wissenschaftszentrum.

Scheuer (1986): Riesenrad erklommen. In: *taz*, 26. September 1986, 1.

Schmidt, Manfred G. (2010): Wörterbuch zur Politik, 3. Aufl. Stuttgart: Alfred Kröner Verlag.

Sebaldt, Martin (2007): Strukturen des Lobbying: Deutschland und die USA im Vergleich. In: Kleinfeld, Ralf/Zimmer, Annette/Willems, Ulrich (Hrsg.), Lobbying: Strukturen. Akteure. Strategien.Wiesbaden: VS Verlag, 92-123.

Sebaldt, Martin/Straßner, Alexander (2004): Verbände in der Bundesrepublik Deutschland. Eine Einführung. Wiesbaden: VS Verlag.

Spiegel (1986a): „Als gäb's nur Verbrecher und Terroristen". Schlacht um die Kernkraft (II): Hat die Polizei die Krawalle von Brokdorf und Wackersdorf provoziert? 28. Juli1986, 56-77.

Spiegel (1986b): Angst vor dem „politischen Super-GAU". Schlacht um die Kernkraft (III): Mit Atomenergie in den Überwachungsstaat? 4. August 1986, 50- 73.

Spiegel (1986c): Besserer Hühnerstall. 20. Oktober 1986, 75-77.

Spiegel (1986d): Der Brokdorfer Zwinger, 30. Juni 1986, 56-57.

Spiegel (1986e): Hau weg den Scheiß. 1. September 1986, 31-35.

Spiegel (1986f): Hausmittteilung. 5. Mai 1986, 3.

Spiegel (1986g): In die Elbe. Mit einer Flut von Anzeigen wehren sich die Demonstrationsopfer bundesweit gegen Polizeiübergriffe. 23. Juni 1986, 28-29.

Spiegel (1986h): Liebe, Lache, Kämpfe. 2. Juni 1986, 46-51.

Spiegel (1986i): Museum der Dummheit. 23. Juni 1986, 68-69.

Spiegel (1986j): Rasch und sorgfältig. Per Volksabstimmung wollen Kernkraftkritiker in der DDR den Atomstrom abschalten. 30. Juni 1986, 47-50.

Spiegel (1986k): „Ruhe im Ozean der Furcht". Frankreich und die Folgen des Reaktorunfalls von Tschernobyl. 19. Mai 1986, 139-141.

Spiegel (1986l): Sonne statt Kernkraft. Die Bundesrepublik steht an einer energiepolitischen Wegscheide. 9. Juni 1986, 98-108.

Spiegel (1986m): Das Teufelszeug aus der Schwarzbrennerei. Westdeutschlands Nuklear-Zentrum Hanau – neues Zielobjekt der Ökologie- und Friedensbewegung. 3. November 1986, 42-58.

Spiegel (1986n): Völlig verstört. Sollen kleine Kinder in Brokdorf und Wackersdorf mit demonstrieren? 30. Juni 1986, 53-59.

Spiegel (1986o): „Wenn der erste auf Demonstranten schießt...". Schlacht um die Kernkraft (I): Die neuen Waffen bei Polizei und gewalttätigen Atomgegnern. 21. Juni 1986, 26-50.

Spiegel (1986p): „Wie sie ihre Wut loswerden...". Die „Pfingstschlacht" von Wackersdorf: brutale Chaoten, kopflose Polizisten. 26. Mai 1986, 105-113.

Spiegel (2011a): Außer Kontrolle. 21. März 2011, 24-27.

Spiegel (2011b): Redeverbot für Politiker. 21. März 2011, 20.

Steffens (2010): Ökostrom-Wechselwoche. Text abrufbar unter http://www.greenpeace.de/nachrichten/artikel/oekostrom_wechselwoche/an sicht/bild/ (Zugriff am 9. Dezember 2011).

taz (1986a): 100.000 Unterschriften gegen Atom. 9. September 1986, 1.

taz (1986b): Anschlag auf Nuklearbetrieb. 8. Oktober 1986, 1.

taz (1986c): Anti-Atom-Bundeskonferenz am Wochenende in Regensburg. 27. November 1986, 4.

taz (1986d): DDR–Bürger für Volksentscheid zu Atom. 27. September 1986, 1.

taz (1986e): Demo im Emsland. 27. Oktober 1986, 2.

taz (1986f): IG Druck fordert Atom-Ausstieg sofort. 18. Oktober 1986, 5.

taz (1986g): Krach um WAA–Finanzierung: SPD–Betriebsräte stimmten zu. 27. September 1986, 5.

taz (1986h): Probelauf in Regensburg. 5. Dezember 1986, 3.

taz (1986i): Strangers in the night. 13. November 1986, 1.

taz (2011a): Was macht die Bewegung? 18. August 2011, 8.

taz (2011b): Was macht die Bewegung? 12. September 2011, 8.

taz (2011c): Was macht die Bewegung? 29. September 2011, 6.

taz (2011d): Was macht die Bewegung? 6. Oktober 2011, 5.

taz (2011e): Was macht die Bewegung? 27. Oktober 2011, 7.

taz (2011f): Was macht die Bewegung? 31. Oktober 2011, 8.

taz (2011g): Was macht die Bewegung? 7. November 2011, 6.

taz (2011h): Was macht die Bewegung? 10. November 2011, 4.

taz (2011i): Was macht die Bewegung? 14. November 2011, 5.

taz (2011j): Was macht die Bewegung? 21. November 2011, 4.

Wehrmann, Iris (2007): Lobbying in Deutschland – Begriff und Trends. In: Kleinfeld, Ralf/Zimmer, Annette/Willems, Ulrich (Hrsg.), Lobbying: Strukturen. Akteure. Strategien.Wiesbaden: VS Verlag, 36-64.

Winter, Thomas von/Willems, Ulrich (2009): Zum Wandel der Interessensvermittlung in Politikfeldern. Zentrale Befunde aus der Verbände- und der Policy-Forschung. In: Winter, Thomas von/Willems, Ulrich (Hrsg.), Interessenvermittlung in einzelnen Politikfeldern. Vergleichende Befunde der Policy- und Verbändeforschung. Wiesbaden: VS Verlag, 9-29.

Zeugenschaft in "Tschernobyl - Eine Chronik der Zukunft" von Swetlana Alexijewitsch. Untersuchung verschiedener Konzepte

Nadja Usova, 2018

Einleitung

Die folgende Arbeit befasst sich mit den verschiedenen Konzepten der Zeugenschaft. Das Phänomen der Zeugenschaft, des Zeugnisses und des damit auftretenden Zeugen ist in unserer Gesellschaft grundlegendste Quelle der wissenschaftlichen und kulturellen Praxis. Die Phänomene sind sehr vielfältig und lassen sich durch ebenso vielfältige, facettenreiche Herangehensweisen untersuchen und analysieren, je nach dem welchem Zweck die Untersuchung dient.

In meiner Arbeit will ich speziell auf das Buch der Autorin Swetlana Alexijewitsch eingehen, in dem sie Interviews der von der Tschernobyl-Katastrophe betroffenen Zeitzeugen gesammelt und anschließend unter dem Titel: *Tschernobyl - Eine Chronik der Zukunft* veröffentlicht hat. Ich beziehe mich in meinen Ausführungen auf die deutsche Ausgabe des Buches, die im Jahr 2015 in der Pieper Verlag GmbH erschienen ist.

Der Super-GAU[163], der sich im April 1986 in Tschernobyl ereignet hat, mit all seinen immensen Auswirkungen auf Umwelt und Gesellschaft, ist vor allem eine „Katastrophe der Zeit"[164]. Die Auswirkungen auf die Zukunft sind unvorhersehbar. Alles, was sich in der Zeit nach der Katastrophe auf dem Gebiet der damaligen Sowjetunion ereignete, die Beseitigung des radioaktiven Materials, der Umgang mit der Bevölkerung, die gesundheitlichen Folgen etc. waren grundlegend neue Problematiken, die noch nicht dagewesene Ängste aller Beteiligten mit sich brachten. Die Versuche, das Geschehen durch bekannte Muster zu betrachten, zeigte und zeigt noch immer die Hilflosigkeit, mit welcher die Menschheit konfrontiert worden ist. Die Zeugen, die gleichzeitig auch die Opfer der direkten Auswirkungen sind, stehen vor einem Mysterium, das erst noch entschlüsselt werden muss.[165] Ihre Zeugnisse, die Swetlana Alexijewitsch in ihrem Buch gesammelt hat, sind somit bemerkenswerte Versuche zu beschreiben, wofür die Gesellschaft noch kein geltendes Instrumentarium gefunden hat. Weder erkenntnistheoretisch, ethisch noch linguistisch lassen sich bisher Paradigmen der

---

[163] Eva Horn: *Die Zukunft als Katastrophe.* S. 246
[164] Swetlana Alexijewitsch: *Tschernobyl - Eine Chronik der Zukunft.* S.39
[165] Ebd. S. 41

Wiedergabe einer solchen Traumatisierung festlegen. Die Zeugnisse im vorliegenden Buch sind somit einzigartige Untersuchungsgegenstände unserer Zeitgeschichte, denen ich mich hier widmen will.

Im ersten Teil meiner Arbeit will ich die verschiedenen historischen und wissenschaftlichen Perspektiven auf das Phänomen der Zeugenschaft erläutern. Dabei will ich Inhalte und Facetten sowie verschiedene Perspektiven darlegen, die im weiteren bei meinen Untersuchungen helfen sollen. Ich beziehe mich überwiegend auf Schriften, die im Rahmen der Holocaust-Forschung veröffentlicht wurden, da die Aufarbeitung mit den überlebenden Zeitzeugen in der Forschung als ein Paradigma der Zeugenschaft gilt[166].

Die Untersuchung aller im Buch enthaltenen Zeugnisse würde zweifellos den Rahmen dieser Arbeit sprengen. Daher werde ich mich auf nur einige ausgewählte Monologe beziehen. Im Fokus meiner Auswahl wird zunächst die persönliche Einbindung der Zeugen in die Katastrophe stehen. Weiterhin auch ihre Funktionen in der Gesellschaft und ihre damit verbundene Auffassung der Ereignisse. Die Gemeinsamkeit aller Zeugen besteht darin, dass alle die Katastrophe von Tschernobyl selbst erlebt haben und somit Zeitzeugen sind. Diese sicherlich verkürzte Auswahl der Texte scheint mir jedoch durchaus repräsentativ im Hinblick auf meine Untersuchung der verschiedenen Konzepte von Zeugenschaft.

Die von mir im ersten Teil der Arbeit ausgeführten Konzepte und Perspektiven auf die Zeugenschaft sollen dann im weiteren dazu dienen, die von mir ausgewählten Zeugnisse zu strukturieren und einzuordnen. Im Einzelnen will ich mich der Motivation der Zeugen widmen, um zu untersuchen, warum genau sie Zeugnis ablegen. Aufbauend auf dieser Untersuchung will ich abschließend versuchen, die verschiedenen Konzepte der Zeugenschaft heraus zu arbeiten, um Gemeinsamkeiten und Unterschiede zu entdecken.

---

[166] Christian Schneider: *Trauma und Zeugenschaft,* S. 60

Zeugenschaft & Zeugnis

Der *Zeuge* ist eine natürliche Person, die einem bestimmten Sachverhalt beigewohnt hat[167]. Über das Erlebte kann der *Zeuge* berichten und seine Wahrnehmungen der Geschehnisse anderen näher schildern. Bei diesem Vorgang legt der *Zeuge* sein Zeugnis ab und macht so anderen Mitgliedern einer Gesellschaft seine Erlebnisse zugänglich. Dieser Vorgang, der sich vor allem mit der Rekonstruktion von Vergangenem und nicht mehr Zugänglichem beschäftigt, kann unter formellen oder auch unter informellen Umständen stattfinden[168].

Die *Zeugenschaft* ist hierbei also eine soziale Praxis, die für die Manifestation von Wahrheit im Zusammenhang von Recht, Geschichte und Religion grundlegend ist.

Inhalte und Facetten

Das Phänomen der Zeugenschaft und des damit einhergehenden Zeugnisses hat sehr vielseitige Facetten in unserer Gesellschaft. Grundlegendste Eigenschaft, die all diese Facetten in sich vereinigt, ist die Ausrichtung auf den Hörer: Das Ablegen eines Zeugnisses ist stets auf die Öffentlichkeit, bzw. auf einen sekundären Zeugen angewiesen. Ohne die Herstellung dieser Instanz gäbe es keine Zeugnisse - wobei die Hörer genau so vielfältig sind wie die Zeugnisse selbst. Die Auslegung auf die Erinnerungskultur wohnt ebenfalls allen Zeugnissen inne. Durch das Erinnern, ob nun an traumatische Ereignisse oder auch an wissenschaftliche Errungenschaften, gestalten wir unsere Gegenwart und auch die Zukunft. Schriftliche Aufzeichnungen, Monumente und Museen, auch Videoaufnahmen und Filme sind auf Zeugnissen beruhende Zeichensetzungen, die „beanspruchen, eine Wahrheit in die Zukunft hinein zu sichern und auf Dauer zu stellen."[169]

Wissen und Überzeugung

Das Wissen, auf welches unsere Gesellschaft zurückgreift und sich erkenntnistheoretisch, geographisch und historisch bezieht, beruht auf den Zeugnissen anderer. „Die Zeugenschaft als Wissenspraxis ist ein

---

[167] https://www.duden.de/rechtschreibung/Zeuge
[168] Sybille Schmid: *Zeugenschaft - Ethische und politische Dimensionen.* S. 7
[169] Zeugenschaft des Holocaust. Darin: Aleida Assmann: *Vier Grundtypen der Zeugenschaft.* S. 483

allgegenwärtiger Bestandteil unseres Lebens."[170] Somit basiert unser Wissen, stets auf einem Zeugniswissen, also einer Erkenntnis, die wir nicht selbst durch eigene Erfahrung wahrgenommen haben. In Platons Dialog Theaitetos[171] impliziert Wissen die authentische Erfahrung des Subjektes. Er gesteht Augenzeugen ein Wissen zu, den sekundären Zeugen lediglich eine Überzeugung, eine „Kenntnis ohne Erkenntnis"[172]. Dabei lassen sich Wissen und Überzeugung qualitativ im Folgenden unterscheiden: Wissen sollte durch die Person, welche über dieses verfügt, begründbar, erklärbar und zu rechtfertigen sein. Eine Überzeugung hingegen kann eine Person auch dann haben, wenn sie mit ihrer Auffassung zufällig richtig liegt, diese aber nicht autonom erklären und rechtfertigen kann, da sie wesentlich auf Aussagen und Erfahrungen anderer basiert.[173]

Unsere neuzeitliche Auffassung der Erkenntnis besagt vor allem, dass nur jenes, was durch die eigene Einsicht verbürgt ist, den Status des Wissens für sich beanspruchen kann. Die Erkenntnis bzw. die Überzeugung ist hierbei eine individuelle Leistung, die jeder für sich erbringen muss.[174]

Zwei Perspektiven

Bei der Betrachtung des Phänomens der Zeugenschaft lassen sich zunächst „zwei grundsätzlich verschiedene Perspektiven"[175] beschreiben. Die epistemische, oder auch erkenntnistheoretische Perspektive betrachtet die Zeugenschaft als eine Form der Beweisführung, als reine Informationsquelle. Der Augenzeuge ist hierbei idealerweise objektiv und berichtet wahrheitsgetreu von seinen Erlebnissen. Dieses Konzept findet in der Rechtswissenschaft und der philosophischen Erkenntnistheorie seine überwiegende Anwendung. Problematisch hierbei ist, dass „Wahrsprechen geradezu das Fundament von Zeugenschaft"[176] bildet. Denn sowohl die individuelle Sprache des Zeugen als auch die Irrtumsfähigkeit seiner Sinneswahrnehmung führen zwangsläufig zu einem Zeugnisskeptizismus.[177] Methoden wie das Ablegen eines Eides bei

---

[170] Sibylle Schmidt, *Ethik und Epistermie der Zeugenschaft*, S.11

[171] Platon, *Theaitetos*

[172] Ebd. S.189

[173] Sibylle Schmidt, *Ethik und Epistermie der Zeugenschaft*, S.8

[174] Ebd., S.11

[175] Ebd, S.12

[176] Sybille Krämer: *Spur, Zeuge, Wahrheit. Zeugenschaft im Spannungsfeld zwischen diskursiver Wahrheit und existenzieller Wahrheit?*, S. 148

[177] Ebd., S. 148

Gerichtsprozessen, ebenso wie das wiederholte Befragen mehrerer Zeugen versucht diesen Skeptizismus engeren zu wirken. Wobei hier der Wahrheitsanspruch der Zeugenschaft vor allem durch einen interaktiven Diskurs hergestellt wird: „Erst in der argumentativen Wechselrede kann ein Wahrheitsanspruch eingelöst werden oder scheitern."[178]

Die zweite Perspektive betrachtet vor allem die Subjektivität der Zeugenschaft als das eigentliche Potenzial. Dieser ethische Ansatz findet Anwendung in der Geschichtsschreibung, der Psychologie und Psychoanalyse. Ein Zeugnis bietet bei dieser Betrachtung mehr als die reine Information, vielmehr ist es eine „Verknüpfung von Wissen und Subjektivität, von privater Erfahrung und öffentlichem Diskurs"[179]. Im Weiteren werden bei dieser Perspektive die ethischen und politischen Dimensionen der Zeugenschaft betrachtet, die jenseits einer Rechtsprechung den Zeugen Anerkennung und Aufmerksamkeit zollen. Vor allem bei der Aufarbeitung von politischer Verfolgung, Genoziden und des Holocaust befasst sich die Forschung mit einer Überlebens- und Traumazeugenschaft, die Ausdruck subjektiver Erinnerung und Erfahrung ist. Hierbei wird das „Zeugnis in seinem singulären Wert von der juridischen Zeugenschaft differenziert"[180] und vor allem die „Erfahrung des Geschehenen"[181] betrachtet. Diese Form des Zeugnis Ablegens verfügt zudem über eine medizinische Dimension, die sich mit dem Bereich der Traumaforschung befasst. Dabei ist das Bezeugen auch ein Prozess der Verarbeitung von Geschehnissen und beinhaltet performative Aspekte, die betrachtet werden können. Denn für das Zeugnis ist nicht nur der kommunizierte Inhalt bedeutsam, sondern auch die Abbrüche und das Schweigen der bezeugenden Person[182]: Die Sprachlosigkeit der Überlebenszeugen als zentraler Bestandteil des Zeugnisses.[183]

---

[178] *Über Zeugen - Szenarien von Zeugenschaft und ihre Akteure*

darin: Sybille Krämer: *Spur, Zeuge, Wahrheit. Zeugenschaft im Spannungsfeld zwischen diskursiver Wahrheit und existenzieller Wahrheit?*, S. 149
[179] Sibylle Schmidt, E*thik und Epistermie der Zeugenschaft*, S.14
[180] Sigrid Weigel: *Zeugnis und Zeugenschaft, Klage und Anklage,* S. 116
[181] Ebd., S. 116
[182] Ebd., S. 127
[183] Agamben, *Was von Auschwitz bleibt.*

Grundtypen der Zeugenschaft[184]

Im Folgenden sollen vier Grundtypen der Zeugenschaft beschrieben werden. Diese Darstellungen sind vor allem als abstrakte Generalisierungen zu verstehen, die sich aus historischen Fällen ergeben haben. In der Realität sind die Zeugenschaften nie ganz so detailliert trennbar und solcherlei Idealtypen zuzuordnen. Allerdings sind diese vier Grundtypen hilfreich, um vor allem die Mischformen und Übergänge des Aktes einer Zeugenschaft genauer untersuchen zu können. Sowohl die Unterschiedlichkeit als auch die Gemeinsamkeit dieser Konzepte ist vor allem in der Motivation der Zeugen zu sehen.

Als erstes und gängigstes Beispiel einer Zeugenschaft ist der *juridische Zeuge*[185] zu erwähnen. Dieser legt sein Zeugnis im Rechtekontext ab, wobei er als Opfer oder als „dritter zwischen dem Urheber des Schadens und den Geschädigten"[186] auftritt. Der Zeuge übernimmt hierbei eine ihm sehr klar zugewiesene Rolle, die an ein „formalisiertes Verfahren"[187] gebunden ist, das der Urteils- bzw. der Wahrheitsfindung dienen soll. Seine Äußerungen sind in diesen Kontext eingebunden. Das Zeugnis wird durch präzise Fragen, die nicht dialogisch angelegt sind, ermittelt. Idealerweise ist der juristische Zeuge unparteiisch und objektiv und hat das zu Bezeugende zuverlässig in seiner Erinnerung gespeichert. Seine Glaubwürdigkeit wird durch die unter Eid formulierten Fragen begründet, bzw. eine absichtliche Täuschung wird dadurch zusätzlich erschwert.

Der *religiöse Zeuge*[188] ist dem Märtyrer gleichzusetzen, der als Opfer einer Staatsmacht nicht die Möglichkeit erlangt, mit seinem Zeugnis Gehör zu finden. Er erliegt einem System und appelliert gleichzeitig an eine höhere, religiöse Macht, womit er seinen physischen Tod als einen performativen Akt für einen überlegenen Gott kodiert. „Diese radikale Inversion politischer Überlegenheit in religiöse Überlegenheit (.) ist eine Sache des kulturellen Rahmens, in dem dieses Geschehen erlebt, erzählt, interpretiert und bewertet wird."[189] Der tote Märtyrer bedarf weiterhin eines weiteren, sekundären Zeugen, der ihn als Opfer erkennt und sein Bekenntnis nach dessen Tod weiter trägt. Diese Ausgestaltung der

---

[184] Zeugenschaft des Holocaust. Darin: Aleida Assmann: *Vier Grundtypen der Zeugenschaft.* S. 33 - 51
[185] Ebd. S. 35
[186] Ebd. S. 35
[187] Ebd. S. 36
[188] Ebd. S. 37
[189] Ebd. S. 37

sekundären Zeugenschaft ist die Grundlage für die fundierte Geschichte, auf der sich Glaubensgemeinschaften gründen. Als klassisches Beispiel dafür gilt vor allem der Märtyrertod Christi, der durch das Zeugnis seiner Jünger, die der Kreuzigung beigewohnt hatten, weitergetragen wurde und die Grundlage der christlichen Glaubensgemeinschaft bildet.[190]

Der Vorläufer des *historischen Zeugen*[191] ist der Bote. Ein Augenzeuge mit möglichst zuverlässiger Erinnerung berichtet nachträglich von einem Ereignis, dem er beigewohnt hat. In der klassischen antiken Tragödie entspricht diese Form der Zeugenschaft dem Botenbericht, der dem Zuschauer meist über einen Schauplatz der Gewalt berichtet (z.B. Krieg, Naturkatastrophen, etc.).

Der *historische Zeuge* trägt entscheidend als Überlebender und vor allem als ein „noch- lebender"[192] Zeitzeuge zur Rekonstruktion der Geschichtsschreibung bei. Ohne diese Form der Zeugenschaft wäre Geschichtsschreibung nicht denkbar. Dabei können zeitnah berichtende Zeitzeugen anders eingestuft werden als solche, die erst mit einem gewissen Zeitabstand die Ereignisse wiedergeben können.

Die modernen Formen der historischen Zeugen stellen Journalisten und Reporter dar, die von Orten der Gewalt und der Ungerechtigkeit an eine breite Masse berichten. Dabei werden die historischen Zeugen von den objektiven Reportern an jenem Punkt unterschieden, an dem sie nicht nur Informationen weitertragen, sondern auch „Botschaften mit besonderer Appellfunktion zurücksenden"[193]. Sie ergreifen Partei für die Opfer und richten ihr Zeugnis an die Weltöffentlichkeit, um von Unrecht, Gewalt und Armut berichten. Dabei ist vor allem das Bildmaterial zu erwähnen, das beim Rezipienten die Illusion hervorruft, selbst am Schauplatz des Ereignisses anwesend zu sein.

Die letzte Form der Zeugenschaft beschreibt der *moralische Zeuge*[194]. Er vereinigt die „Rollen des Opfers und des Zeugens in sich"[195]. Als Überlebender, der das Ausmaß der Katastrophe am eigenen Leib erfahren hat, wird er zum

---

[190] In Johannes 21,24 heißt es: „dieser Jünger ist es, der all das bezeugt und der es aufgeschrieben hat, und wir wissen, dass sein Zeugnis wahr ist." in Aleida Assmann: *Vier Grundtypen der Zeugenschaft.* S. 40

[191] Zeugenschaft des Holocaust. Darin: Aleida Assmann: *Vier Grundtypen der Zeugenschaft.* S. 39
[192] Ebd. S.40
[193] Ebd. S.40
[194] Ebd. S.41
[195] Ebd. S.42

Zeugen für die Toten, die nicht mehr berichten können. Sein Bericht steht im Gegensatz zum *juridischen Zeugen* nicht im Sinne der Anklage gegen die Schuldigen, sondern vielmehr als eine Totenklage für die Gefallenen.[196]

Wie die anderen Formen der Zeugenschaft ist auch der moralische Zeuge auf den sekundären Zeugen angewiesen. Bei dieser Form sind die sekundären Zeugen in keinen institutionellen Rahmen eingebunden und deren Rezeption und Bewertung über das ihnen vorgetragene Zeugnis beruft sich auf die „Basis zivil gesellschaftlicher Werte"[197] sowie der „universalistischen Werte der Menschenwürde und der Achtung der physischen Integrität der Mitmenschen"[198]. Damit wird ein öffentlicher Diskurs in der Gesellschaft geschaffen, der „ohne mit dem Rechtssystem zu konkurrieren" ein Verbrechen aufarbeitet, welches in der Strafverfolgung nur sehr fragmentarisch und unvollkommen erarbeitet werden könnte. Die Gesellschaft übernimmt hierbei die Rolle des sekundären Zeugen und ermöglicht so Formen von Erinnerungskultur einhergehend mit politischer Verantwortung, ebenso wie Solidarität und Empathie mit den Opfern.[199] Der Wahrheitsgehalt des moralischen Zeugnisses wird nicht durch das Eid Ablegen gefestigt, wie dies beim *juridischen Zeugen* der Fall ist. Bei dieser Form der Zeugenschaft gilt der Zeuge selbst als lebender Beweis für die traumatische Erfahrung, von welcher berichtet wird. Die Wahrheitsmission[200] der Aussagen steht im Gegensatz zu Verleugnung, Verschleierung oder auch Verfälschung der begangenen Verbrechen durch die Täter. „Diesem Wunsch des Täters nach Vergessen korrespondiert spiegelsymmetrisch der Wunsch des Opfers nach moralischer Zeugenschaft."[201]

---

[196] Sigrid Weigel: *Zeugnis und Zeugenschaft, Klage und Anklage,* S. 120 - 123
[197] Ebd. S. 43
[198] Ebd.
[199] Ebd.
[200] Ebd. S. 45
[201] Ebd. S. 46

Zeugenschaft im Buch von Swetlana Alexijewitsch: Tschernobyl - Eine Chronik der Zukunft[202]

Hintergrund des Buches

Die Minsker Journalistin Swetlana Alexijewitsch reiste über drei Jahre durch Weißrussland und die Ukraine und interviewte dabei Menschen, die Augenzeugen und Opfer der sich 1986 ereigneten Tschernobyl-Katastrophe wurden[203]. Sie sprach dabei mit Feuerwehrleuten, Liquidatoren, Politikern, Ärzten, Wissenschaftlern, einfachen Bauern wie auch mit betroffenen Kindern und Eltern. Das aus den Interviews entstandene Buch beschreibt in literarisch überarbeiteten Monologen die Erfahrungen der einzelnen Individuen, ihre Sichtweisen auf Hintergründe der Katastrophe und ganz allgemein die Auswirkungen auf ihr Leben.

Aufbau des Buches

Das Buch beginnt sehr sachlich mit kurzen Ausschnitten verschiedener Zeitschriften und Zeitungen der Jahre 1996 bis 2005, die den Hergang der Katastrophe beschreiben. Danach folgt der erste Monolog, welcher *„Eine einsame menschliche Stimme"*[204] betitelt ist und die persönlichen Erfahrungen einer Frau in der Nacht der Katastrophe wiedergibt. Diesen Titel[205] findet man ebenso über einem Text am Ende des Buches wieder. Beide Monologe ähneln sich inhaltlich: die Frauen berichten von der Pflege ihrer durch Radioaktivität erkrankten Männer.

Nach dem ersten Monolog folgt das *„Interview der Autorin mit sich selbst(...)*[206], in welchem sie sehr deutlich ihre Intention[207] zu diesem Buch sowie ihre persönlichen Ansichten darstellt.

Im Folgenden wird das Buch in drei Kapitel eingeteilt: (1) Erde der Toten, (2) Krone der Schöpfung und (3) Begeisterung an der Trauer. Die Autorin scheint durch diese Einteilung die Monologe gliedern zu wollen in: (1) Berichte unmittelbar nach der Katastrophe, in (2) den zeitnahen Umgang mit den Erlebnissen und (3) in entstandene Bewältigungsstrategien der Menschen. Jedes

---

[202] Swetlana Alexijewitsch: *Tschernobyl - Eine Chronik der Zukunft*

[203] http://www.deutschlandfunk.de/swetlana-alexijewitsch-tschernobyl-eine-chronik-der-zukunft

[204] Swetlana Alexijewitsch: *Tschernobyl - Eine Chronik der Zukunft*. S. 19

[205] *„Eine einsame Menschliche Stimme"* S. 282

[206] Swetlana Alexijewitsch: *Tschernobyl - Eine Chronik der Zukunft*. S. 39

[207] Ebd. „Worum geht es in diesem Buch? Warum habe ich es geschrieben?" S. 39

der Kapitel endet mit einem Textabschnitt, in dem im Gegensatz zu den meisten einzelnen Monologen ganze Personengruppen berichten: die Namen der Personen stehen zu Beginn des Abschnittes, die Äußerungen der einzelnen werden durch Zeilenumbrüche voneinander abgesetzt. Betitelt sind diese Textabschnitte mit „*Soldatenchor*"[208], „*Volkschor*"[209] und „*Kinderchor*"[210].

Das Buch endet mit einem kurzen Abschnitt ab Seite 297, der *Statt eines Epilogs* betitelt ist. Hier berichtet die Autorin von einem Kiewer Reisebüro, welches zu „gemäßigten Preisen"[211] Touristenreisen in das sonst nicht zugängliche Tschernobyl-Gebiet anbietet.

---

[208] Ebd. S.98
[209] Ebd. S. 177
[210] Ebd. S. 273
[211] Ebd. S. 298

Untersuchung der Zeugenschaftskonzepte an vier Monologen

Monolog über ein ganzes Leben, das auf einer Tür festgehalten ist[212]

Der Monolog beginnt mit dem Satz: „Ich möchte Zeugnis ablegen..."[213]. Der Mann beschreibt sich selbst als einen kleinen und gewöhnlichen Menschen, der unerwartet zum Zeugen eines für ihn bis jetzt nicht zu begreifenden Ereignisses wurde[214]. Er betont, nur den Hergang persönlicher individueller Erfahrungen[215] zu beschreiben, in welchen er sich mit dem Verlust seiner Normalität auseinandersetzen muss. Es ist der verzweifelte Versuch, diese seine Normalität zu erhalten, indem für ihn das Mitnehmen der Haustür zur logischen Handlungsoption wird. Ebenso beschreibt der Zeuge den Tod seiner Tochter und seine Überraschung darüber, dass diese über ihr bevorstehendes Ableben Bescheid wusste. Sein Bericht zeugt von einer deutlichen Traumatisierung durch die Ereignisse, an bestimmten Stellen weist das Zeugnisses eine Sprachlosigkeit auf: „Nein, es reicht[Schluß[Ich kann nicht mehr."[216]

Hinter der Motivation des Zeugen, zu sprechen, steht deutlich die Appellfunktion an die Öffentlichkeit als sekundären Zeugen. Dieser Appell richtet sich gegen das Vergessen und will eindeutig ein Zeichen für die Zukunft setzen.[217] Sein Wissen über die beschriebenen Ereignisse hat der Mann durch eigene Erfahrung erworben. Er ist deutlich Opfer und Zeuge, der die Katastrophe am eigenen Leib erfahrenen hat und fungiert als lebender Beweis für das ihm Widerfahrene. In seinem Bericht führt der Zeuge keine historischen Daten an und beschränkt sich auf seine subjektive Wahrnehmung der Ereignisse.

Dieses Konzept der Zeugenschaft lässt sich in den Bereich des *moralischen Zeugen* einordnen. Der Zeuge will einerseits gegen das Vergessen aussagen, anderseits aber auch als Überlebender der Katastrophe eine *Totenklage*[218] für seine Tochter aussprechen. Seitens der Autorin wird durch die abschließende Zuordnung bzw. Titulierung *„Vater[219]"* implizit auf das Konzept dieses Zeugnisses verwiesen. Als Vater berichtet der Zeuge zwangsläufig von seinen

---

[212] Swetlana Alexijewitsch: *Tschernobyl - Eine Chronik der Zukunft*, S.64

[213] Ebd.

[214] Ebd. S. 64: „Mein Verstand reicht nicht aus um alles zu begreifen."

[215] Ebd. „Ich werde nur meine Wahrheit erzählen..."

[216] Ebd. S. 66

[217] Ebd. S.66 „Ich möchte Zeugnis ablegen - meine Tochter ist an Tschernobyl gestorben. Und von uns will man das wir vergessen."

[218] Sigrid Weigel: *Zeugnis und Zeugenschaft, Klage und Anklage*, S. 120 - 123

[219] Swetlana Alexijewitsch: *Tschernobyl - Eine Chronik der Zukunft*, S.66

Kindern, bzw. in diesem Fall von seinem Kind. Betrachtet man den Kontext des Zeugnisses, ist eine *Totenklage* implizit.

Monolog darüber, daß man mit Lebenden und Toten sprechen kann[220]

Die Zeugin in diesem Monolog berichtet detailliert und ihrer Auffassung nach wahrheitsgetreu von den Ereignissen unmittelbar nach der Reaktorkatastrophe. Hierbei wird sehr deutlich, dass sie das Ausmaß der Geschehnisse nur durch die bekannten Erfahrungsfilter deuten kann: „Wir hatten keine große Angst vor der Radioaktivität. Wenn wir sie nicht gesehen hätten, nicht gekannt hätten (.) aber als wir sie sahen, war es nicht mehr so schlimm."[221] Ebenso assoziiert sie die durch das Militär begleitete und für sie traumatische Evakuierung mit Kriegserfahrungen, die sie offensichtlich bereits kennt.[222] Ihr Bericht beschränkt sich auf ihre persönlichen Erfahrungen und Wahrnehmungen, die sich überwiegend mit der Natur und den Tieren befassen, die nach der Evakuierung zurückgelassen wurden. Ebenso ist ihr Zeugnis - neben der realistischen Wiedergabe der Geschehnisse, die sie in ihrem Erfahrungshorizont zu deuten versucht - durchzogen von Gerüchten und ihren Überzeugungen der Schicksals- und Gottesgläubigkeit[223]. Am Ende ihrer Erzählung fragt die Frau: „(...)ha st du meine Trauer verstanden?", was Rückschlüsse auf den Gemütszustand der Zeugin zulässt. Ihre Motivation zu sprechen rührt aus ihrer Einsamkeit heraus, wobei sie lediglich sprechen und berichten möchte, ohne an eine bestimmte Hörerschaft zu appellieren. Ihr Wissen über die Geschehnisse, denen sie beiwohnte, rührt zweifellos aus ihren individuellen Erfahrungen und Wahrnehmungen. Die Erkenntnisse, über die sie berichtet, sind allerdings nur zum Teil aus eigener Erfahrung hervorgegangen, denn sie beruft sich mehrfach auf Gerüchte und Dinge, die sie von anderen gehört hat.[224]

Das Konzept dieser Zeugenschaft ist nicht klar zuzuordnen. Die Frau ist eindeutig eine Zeitzeugin der Tschernobyl-Katastrophe, allerdings dient ihr Zeugnis weder dazu, eine Klage oder Anklage zu formulieren, noch kann sie Daten für die Rekonstruktion der Geschichtsschreibung liefern, wie es beim *historischen Zeugen* der Fall wäre. Bei ihrer Aussage scheinen die performativen Aspekte relevant, die im Text von der Autorin kurz umrissen

---

[220] Swetlana Alexijewitsch: *Tschernobyl - Eine Chronik der Zukunft,* S.56
[221] Ebd. S.57
[222] Ebd. S. 59: „Die Häuser wurden gestürmt. Die Leute hatten sich eingeschlossen (.). Das Vieh brüllte, die Kinder weinten. Krieg!"
[223] Ebd. „Der Mensch schießt, aber Gott führt die Kugel. Niemand entgeht seinem Schicksal."
[224] Ebd. „Ob das wahr ist? Weiß ich nicht. Es wird jedenfalls erzählt."

werden: „Weint" oder „Auf einmal fröhlich"[225]. Sie beschreibt dabei alles in der für sie gängigen Sprache und beruft sich stets auf die ihr vertrauten Merkmale der Natur. Deutlich wird dabei, dass ihr Zeugnis als das einer sogenannten *Rückkehrerin* vor allem für ihre Einsamkeit und die Trauer um die vor der Katastrophe gewesenen Verhältnisse steht.

Monolog über die grenzenlose Macht eines Menschen über den anderen[226]

Der Zeuge beruft sich bereits im ersten Satz seines Berichtes auf seine Profession und den damit zusammenhängenden Inhalt seines Berichtes: „(...)ich bin Physiker. Daher Fakten, nur Fakten..."[227]

Er berichtet rückblickend sehr detailreich von den Ereignissen ab dem Tag der Katastrophe. Dabei nennt er bewusst Daten, Orte und Namen der Protagonisten. Seine Beschreibungen schließen auch seine persönliche Deutung der Vorgänge auf Grundlage seiner wissenschaftlichen und politischen Kenntnisse mit ein. Dabei benennt er deutlich die agierenden Organe, die seiner Meinung nach Rechenschaft ablegen müssen für das Unrecht, das den Menschen widerfahren ist: „Sie überwachen alles. Hören ab. Klar, wer das ist[Die entsprechenden Organe. Der Staat im Staate."[228] Sein Bericht zeugt weiterhin von seinen überzeugten, jedoch verzweifelten Versuchen, gegen das Staats- und Gesellschaftssystem, in dem er lebt, mit Fakten anzugehen, die sein Beruf ihm zu Grunde gelegt hat. Dabei stellt er klar die Verschleierungstaktiken der Agierenden dar und stellt diesen wissenschaftliche Tatsachen gegenüber: „Man musste über Physik sprechen. Über die Gesetze der Physik. Aber man sprach über Feinde. Man suchte Feinde."[229] Der Zeuge bleibt bis zum Schluss seines Berichtes bei seiner anfänglichen Überzeugung, stellt allerdings auch seine Machtlosigkeit und seine letztliche Resignation angesichts der herrschenden Verhältnissen dar: „Ein Prozess wurde gegen mich angestrengt. Sie erreichten, was sie wollten."[230]

Die Motivation zu sprechen rührt bei diesem Zeugen deutlich aus seinem Wissen als Physiker und der daraus hervorgehenden Überzeugung. Er möchte die Öffentlichkeit ansprechen und fordert geradezu eine sekundäre Zeugenschaft

---

[225] Ebd. S. 58 und 59
[226] Swetlana Alexijewitsch: Tschernobyl - *Eine Chronik der Zukunft.* S. 256
[227] Ebd.
[228] Ebd.
[229] Ebd. S. 259
[230] Ebd. S. 262

ein, um auf das ihm widerfahrene Unrecht aufmerksam zu machen und die von ihm dokumentierten Fakten für die Zukunft zu erhalten.

Durch die detaillierten Ausführungen, die sowohl Ortsangaben, Daten wie auch Namen enthalten, könnte der Mann als *historischer Zeuge* vernommen werden, um zur Rekonstruktion der Geschichtsschreibung beizutragen. Das von ihm abgelegte Zeugnis würde er wahrscheinlich auch unter Eid vor Gericht aussagen - vor allem, weil er sich immer wieder darauf beruft, seine Erfahrungen schriftlich in einer Mappe[231] festgehalten zu haben, um so ihren Wahrheitsgehalt zu erhalten. Er spricht eine deutliche Anklage gegen die Herrschenden aus und will auch, dass diese Rechenschaft ablegen müssen.

Monolog über das Ewige und Verdammte: Was tun, und wer ist schuld?[232]

Bereits zu Beginn des hier vorliegenden Monologs positioniert sich der Zeuge als ein Mensch seiner Zeit[233] und bezeugt direkt den modernen Prozess, der ihm bzw. den Kommunisten die Schuld an den vergangenen Ereignissen zuspricht. Als ehemaliger erster Sekretär des Kreisparteikomitees[234] verteidigt er in seiner Erzählung vehement die Verantwortung, aus der heraus er gehandelt habe, wobei er sich auf seine Position und auf seine politischen Ideale beruft. Diese Ausführungen sind sehr ambivalent. Zum einen betont der Zeuge, dass es richtig war, die Menschen nicht zu informieren und tut die Forderung nach Wahrheit als „Schlimm, sehr schlimm...(...) "[235] ab. Andererseits ist ihm offensichtlich klar gewesen, dass die Durchführung der Mai-Demonstration, bei der die Menschen lange Zeit im Freien verbrachten, gefährlich gewesen ist. Im weiteren Verlauf der Erzählung wird deutlich, dass der Zeuge sich erst nachträglich über die Gefahren und Auswirkungen der radioaktiven Strahlung bewusst geworden ist[236], ebenso wie über die gesundheitlichen Folgen, die sie bei den Menschen hervorgerufen hat. Dass für seine Handlungen in der Vergangenheit heute eine Rechtfertigung eingefordert wird, ist dem Zeugen bewusst. Der gesamte Monolog scheint eine detaillierte Rechtfertigung seiner Taten zu sein. Zum einen beruft er sich auf seinen Status als ebenfalls durch die Katastrophe Geschädigter: „(.) warum ist dann meine Enkeltochter... mein Sproß... Sie ist auch krank... (.) Wenn ich ein Verbrecher bin, warum habe ich mein eigenes

---

[231] Ebd.

[232] Swetlana Alexijewitsch: Tschernobyl - *Eine Chronik der Zukunft.* S. 243

[233] Ebd.

[234] Ebd. S. 248

[235] Ebd. S. 245: „Wer braucht solch eine Wahrheit?"

[236] Ebd. S. 247: „Ich begann einiges zu ahnen..."

Kind ins Unglück gestürzt?"[237]. Zum anderen führt er seine Unwissenheit ins Feld: „Na, was ist das - erster Sekretär der Kreiskomitees? Ein normaler Mensch mit einem normalen Hochschuldiplom, (...)"[238]. Abschließend betont der Zeuge nochmals, dass er „als Mensch seiner Zeit"[239] keine anderen Handlungsoptionen gehabt habe und weist somit erneut jedes begangene Verbrechen von sich.

Die Motivation, aus der heraus dieser Zeuge sprechen möchte, scheint vor allem der Wille, seine Taten rechtzufertigen. Er wendet sich an die Öffentlichkeit als sekundären Zeugen und beschreibt die Ereignisse aus seiner persönlichen sowie aus der damaligen gesellschaftlichen Perspektive heraus. Sein Wissen über den Hergang der Ereignisse hat er durch eigene Erfahrung erworben und ist nach wie vor überzeugt davon. Sein Zeugnis wirkt zunächst wie die Aussage vor einem anklagenden Gericht, da sich der Zeuge immer wieder darauf beruft, kein Verbrecher zu sein. Das Konzept dieser Zeugenschaft beinhaltet somit Facetten der *juridischen Zeugen*, allerdings sind auch Konzepte des *moralischen Zeugen* enthalten. Er selbst ist auch Geschädigter der Ereignisse und appelliert mit seinem Zeugnis an die Öffentlichkeit. Zum einen will er den Hergang und seine damalige Handlungsmotivation aufklären, zum anderen will er seine Taten in der Gegenwart rechtfertigen. In diesem Monolog beschreiben die durch die Autorin eingefügten Äußerungen[240] die performativen Aspekte, die der Zeuge während seiner Erzählung äußert und lassen somit Rückschlüsse auf die Gemütsverfassung zu, in der sich der Mann befindet.

---

[237] Ebd. S. 245
[238] Ebd. S. 246
[239] Ebd. S. 248
[240] Ebd. S. 244: (Er beruhigt sich etwas.) und S. 245 (Im weiteren zusammenhanglos.)

Fazit

Die Ergebnisse meiner Untersuchungen, bei denen ich versucht habe, die verschiedenen Konzepte der Zeugenschaft in einzelnen Monologen herauszuarbeiten, haben vor allem gezeigt, dass diese sehr vielseitig sind und sich nicht generalisieren lassen. Alle Zeugnisse haben zwar die Gemeinsamkeit, dass eine grundlegende Traumatisierung zu Grunde liegt, welche die Personen als Opfer und Zeugen der Katastrophe davongetragen haben - ihre Motivationen zu sprechen sind allerdings sehr verschieden. Die Gründe dafür, Zeugnis abzulegen, reichen von reinen persönlichen, subjektiven Motivationen wie in (4.1) bis hin zur detaillierten, auf Fakten beruhenden Beschreibungen wie im Fall des ehemaligen Direktors des Institutes für Kernenergie in (4.3). Die Zeugin (*Rückkehrerin*), die ich unter Punkt (4.2) untersucht habe, scheint sich wiederum gar nicht bewusst zu sein, ein Zeugnis abzulegen und berichtet lediglich von ihrer Trauer. Sie tut dies ohne jeden Appell und auch scheinbar ohne zu begreifen, was ihr widerfahren ist. Die Motivation des letzten von mir aufgeführten Zeugen (4.4), *ehemaliger erster Sekretär des Kreisparteikomitees,* scheint vor allem die Rechtfertigung seiner eigenen Taten im Zusammenhang mit der Katastrophe zu sein.

Die Konzepte der Zeugenschaft bergen in den von mir untersuchten Monologen alle Facetten der wissenschaftlichen Untersuchungen. Die Aussagen beinhalten erkenntnistheoretische Aspekte als reine Informationsquellen und können der Beweisführung dienen, genauso wie sie auch ethische Perspektiven eröffnen, in der die Verknüpfung von Wissen und Subjektivität, von privater Erfahrung und öffentlichem Diskurs stattfindet. Die meisten Zeugen haben all die Erkenntnisse, die sie bezeugen, aus eigener Erfahrung gewonnen und verfügen somit auch über grundlegendes Wissen. Die Zeugin in (4.2) allerdings beruft sich mehrfach auf die Erfahrungen und Aussagen anderer, welche sie im einzelnen nicht autonom rechtfertigen kann. Ihr Wissen, das sie in ihrem Zeugnis ablegt, ist vor allem durch ihre eigenen Einsichten gefärbt, die sie in individueller Leistung für sich erbringt. Bei der Zuordnungen der Konzepte der Zeugenschaft lässt sich sagen, dass überwiegend *historische* und *moralische Zeugen* in teilweise fließenden Übergängen wiederzufinden sind. Der Anspruch an die Rekonstruktion der Geschichte sowie auch eine Appellfunktion als Überlebender der Katastrophe lässt sich vor allem im Bericht des Zeugen in (4.3) wiederfinden. Der *Vater* in (4.1) appelliert in seiner *Totenklage* an die Öffentlichkeit als sekundären Zeugen und ist als *moralischer Zeuge* einzuordnen. Die Funktion als *juridischer Zeuge* könnte zwar der in (4.3) beschriebene Physiker erfüllen, allerdings könnte man hier entgegnen, dass der Zeuge keinesfalls objektiv über die Ereignisse berichten kann, was eine klare Einordnung in dieses Zeugenschaftskonzept nicht zulässt.

Abschließend kann ich sagen, dass die Unterschiedlichkeit der Zeugen - auch gerade in der konzeptuellen Zuordnung der Zeugenschaft - im Hinblick auf meine Auswahl der Zeugen implizit war, da sich ihre Wahrnehmung der eigenen Realität stark unterscheidet. Dabei wäre erwartbar, dass bei Zeugen aus vergleichbaren gesellschaftlichen Schichten und mit ähnlichem Bildungshintergrund diese Zuordnung der Konzepte wahrscheinlich nie ganz einheitlich wäre. Dieses könnte Thema einer weiterführenden Untersuchung sein. Man könnte hierbei die Anzahl der zu untersuchenden Zeugnisse erhöhen, um die sprachlichen Aspekte der einzelnen Zeugen, die von detaillierten, objektiven Beschreibungen bis hin zu kompletter Sprachlosigkeit reichen könnten, genauer zu untersuchen.

Ein weiterer zu untersuchender Aspekt, den ich in meiner Arbeit leider nicht behandeln kann, ist der Einfluss der selbst von der Katastrophe betroffenen Autorin auf die Auswahl der Zeugnisse und die von ihr durchgeführte literarische Überarbeitung derselben.

Quellenverzeichnis

Fritz Bauer Institut (Hg.)
Zeugenschaft des Holocaust
Zwischen Trauma, Tradierung und Ermittlung
Jahrbuch 2007 zur Geschichte und Wirkung des Holocaust Campus Verlag
GmbH, Frankfurt/Main 2007
darin: Aleida Assmann: *Vier Grundtypen von Zeugenschaft,* S. 33 - 51

Über Zeugen - Szenarien von Zeugenschaft und ihre Akteure
Mattihas Däumer, Aurelia Kalisky, Heike Schiele Paderborn : Wilhelm Fink,
[2017), Trajekte.
Sybille Krämer: *Spur, Zeuge, Wahrheit. Zeugenschaft im Spannungsfeld*
zwischen diskursiver Wahrheit und existenzieller Wahrheit? S. 147 - 165

Einstein Forum, Jahrbuch 1999 *Zeugnis und Zeugenschaft* Akademie Verlag
Berlin, 2000
darin: Sigrid Weigel: *Zeugnis und Zeugenschaft, Klage und Anklage.*

Sybille Schmidt,
Ethik und Episteme der Zeugenschaft
Konstanz University Press, 2015

Giorgio Agamben: *Was von Auschwitz bleibt. Das Archiv und der Zeuge.*
Dt. Erstausgabe, 1. Auflage Frankfurt am Main, Suhrkamp, 2003

Sybille Schmidt, Sybille Krämer, Ramon Voges (Hg.)
Politik der Zeugenschaft
Zur Kritik einer Wissenspraxis
Transcript Verlag, Bielefeld. 2011

Swetlana Alexijewitsch
Tschernobyl - Eine Chronik der Zukunft
(deutschsprachige Ausgabe)
Berlin Verlag in der Pieper Verlag GmbH, München/Berlin 2015

S.Fischer Verlag GmbH, Frankfurt am Main 2014 Eva Horn: *Zukunft als*
Katastrophe
S. 241 - 297

Jahrbuch zur Geschichte und Wirkung des Holocaust
1. Auflage 2007. Taschenbuch.
Zeugenschaft des Holocaust : zwischen Trauma, Tradierung und Ermittlung

Frankfurt am Main, Campus Verlag, 2007
darin: Christian Schneider: *Trauma und Zeugenschaft,*
Probleme des Erinnernden Umgangs mit Gewaltgeschichte. S. 59 - 74

Europäische Hochschulschriften
Sybille Schmid: *Zeugenschaft - Ethische und politische Dimensionen*
Peter Lang GmbH. Internationaler Verlag der Wissenschaften. Frankfurt am
Main. 2009

Bundeszentrale für politische Bindung
Aus Politik und Zeitgeschichte (APUZ 13/2006) 20 Jahre Tschernobyl
vom 21.3.2006
http://www.bpb.de/apuz/29831/stimmen-aus-tschernobyl-essay?p=all
Zugegriffen am 13.03.2018

http://www.deutschlandfunk.de/swetlana-alexijewitsch-tschernobyl-eine-
chronik-der- zukunft.700.de.html?dram:article_id=79317
Artikel vom 30.03.1998, Aus dem Russischen von Ingeborg Kolinko
Zugegriffen am 13.03.2018

https://www.tagesspiegel.de/kultur/literatur-nobelpreistraegerin-im-interview-
swetlana- alexijewitsch-wir-brauchen-eine-perestroika/4071082.html
Artikel vom 08.10.2015, Das Gespräch führte Jens Mühling. Zugegriffen am
13.03.2018

Einzelbände

Demir, Seda (2006): "Eine gefährliche Lüge" - Die Folgen und Auswirkungen des atomaren Unfalls von Tschernobyl

ISBN: 978-3-656-57930-4

Kutani, Kevin (2002): Der Supergau im AKW Tschernobyl. Kollektive Verantwortungslosigkeit der Regierung?

ISBN: 978-3-640-27511-3

Wagner, Jana (2011): Die Anti-Atomkraft-Interessenvertretung nach Tschernobyl und Fukushima im Vergleich

ISBN: 978-3-656-24732-6

Usova, Nadja (2018): Zeugenschaft in "Tschernobyl - Eine Chronik der Zukunft" von Swetlana Alexijewitsch. Untersuchung verschiedener Konzepte

ISBN: 978-3-346-39798-0